東方選書

清代知識人が語る官僚人生

山本英史 著

東方書店

まえがき

高級中華料理店の門口では、中高年の男三人組がそれぞれ独特の衣裳を着て並んでいる置物を見かけることがある。彼らはまた新年に縁起物として壁に貼られる年画のモチーフにもしばしば登場する。これは三星神と呼ばれる神様で、それぞれを「福」、「禄」、「寿」という。「福」は文字通り幸福を、「禄」は富貴を、「寿」は長寿を象徴している。何のことはない。庶民の欲望が神様の姿になって具現化したものだ。

三星神の中でとりわけ興味深いのは「禄」である。その格好は官服に身を包み、長いひげを蓄えた偉丈夫で、いかにも位の高い役人風なのだが、彼は「貴」だけでなく、「富」をもかなえる通力を持ち合わせている。

中国には「陞官発財《しょうかんはつざい》」という言葉がある。「役人になって金を儲けること」だが、「役人になること」と「金を儲けること」とがセットになっているのが面白い。「書中おのずから黄金の屋あり、書中おのずから万石の米あり、書中おのずから玉のごとき美人あり」と、勉強して役人になったら金が儲かり好きなことができると周りもあおりたてる。科挙に合格して役人になると名誉を得るだけでなく、金も入ってくるとなれば、しがない庶民が「禄」の御利益に少しでも与ろうと思うのも無理からぬことだった。

むかし浙江の紹興《しょうこう》では、女の子が生まれると、その子が結婚する際、婚家で祝い客に振る舞うために仕込んだ酒を「女児紅《じょじこう》」といったが、男の子の場合は「状元紅《じょうげんこう》」と称した。その子が将来科挙の主席合格者である状元になった時に親が提供する酒を意味した。そこには息子が高官となって栄華を極める人生を送ってほしいとの親の願いが込められている。現実問題として状元はおろか、科挙に合格することすら恐ろしく困難であったが、あわよくばと思う親は庶民の数だけ存在した。

もっとも知識人にとってこれは現実にあり得ない話ではなかった。とりわけ親が官僚であった家は、息子が生まれると大いなる期待を彼にかけた。親族もまた族内に「神童」が出現すると、将来の恩恵に与るべく先行投資に余念がなかった。「神童」が成長して科挙に見合う能力を備えるようになった場合はまあよいとしても、往々にして「ただの人」になるため、周りから期待を一身に受けたプレッシャーに押しつぶされてしまう悲劇もしばしばあった。

さらにまた、よしんば科挙に受かったとしても、官僚として成功を収めなければ、親や親戚の願望は成就しなかった。しかし、科挙に合格できる受験能力と官僚として生身の人間を相手に機敏に対処する実務能力とはまったく性質の異なるものであり、そこでの成功、というより失敗しないことは科挙に合格するよりもさらに難しかった。何とかその試練にも耐え、事なきを得て、退官の日を迎え、生まれ故郷に戻って官僚としての実績と現職の時に築き上げた財産をバックに悠々自適の余生を送るようになれば、初めて「禄」による幸せを得ることができた。そうした順風満帆の官僚人生を手に入れるのが彼らの最終目標だった。

とはいえ、中国の知識人のみながみな、みずからの栄華のためだけにあえてこのような至難の人生に挑戦したわけではない。孔子は「君子は義に喩《さと》り、小人は利に喩る」と言っている。まっ

福禄寿塑像

福禄寿年画

ような知識人が立派な人間である君子たらんと自負するのであれば、自身の利益を求めるだけのために役人になる小人であってはならず、「義」を常に念頭に置かねばならなかった。

では、「義」とは何か。儒教の代表的な経典の一つの『大学』の冒頭には、「大学の道は明徳を明らかにするに在り。民に親しむに在り。至善に止まるに在り」とある。すなわち、君子が学問を身に着ける目的は、第一にみずからの徳を世に明らかにすること、第二に人民を親愛すること、第三に至善をよりどころとして行動することにあるという。知識人の理想の姿は自分の身を修め、やがては官僚として「治国平天下」(国を治め天下を平らかにする)を実現することにあると説く。幼い時より「聖人の道」を叩き込まれた中国の知識人たちの中にはこの使命をまじめに実行すべく、学問に励んで儒教を会得し、世のため人のために尽力しようとした者も決して少なくなかった。

本書のナレーターは、状元とまではいかなかったものの、科挙に合格し、苦労の末に二つの県の長官を担当した一人の知識人であり、役人のためのハンドブックである官箴書《かんしんしょ》『福恵全書《ふっけいぜんしょ》』の著者として知られる黄六鴻《こうりくこう》にお願いした。ここでは彼の実体験とともに同時代の他の知県経験者の助言をも加味して、こうした官僚人生を過ごすにはいかなることが重要だったのかについて懇切丁寧に語ってもらった。

黄六鴻は歴史の教科書に名を留めるほどに華々しく活躍したわけではないが、順調な官僚人生を歩んだ人物の一人であった。また中央の監察部門である都察院の高官に昇進したのを最後に退官し、その後長年にわたって学者生活を営み、当時としては異例の長寿をまっとうした。その意味では「福」「禄」「寿」を体現した「勝ち組」の一人であったといえる。

ただ、彼の場合、官僚人生をめざす知識人の先の二つのタイプのうち、自分自身の栄達のみに関心を持つ前者であるとは必ずしもいえなかった。どちらかといえば後者に近かったかと思われる。政界引退後は名利にさほど執着することなく、余生の多くを著作に費やしたことからもそれがうかがわれる。

とはいえ、彼は単なる理想主義者であったわけでもない。官僚人生の第一歩とでもいうべき知県の実務行政にも能力を発揮し、現場での鋭い判断力と素早い決断力とでもって県政においてし

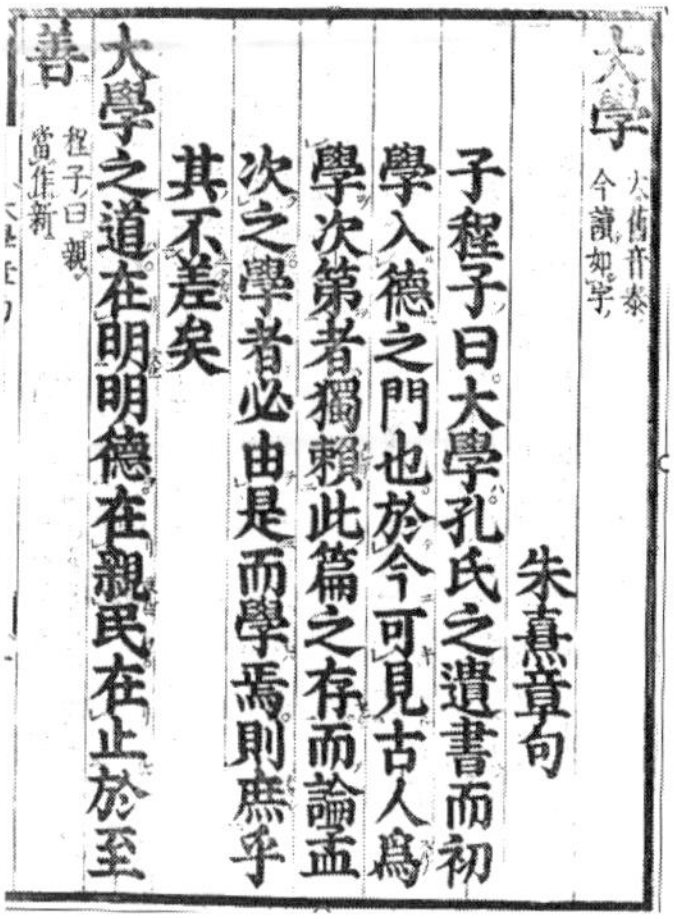
大學 大舊音泰今讀如字

朱熹章句

子程子曰大學孔氏之遺書而初學入德之門也於今可見古人爲學次第者獨賴此篇之存而論孟次之學者必由是而學焉則庶乎其不差矣

大學之道在明明德在親民在止於至善

程子曰親當作新

『大学』

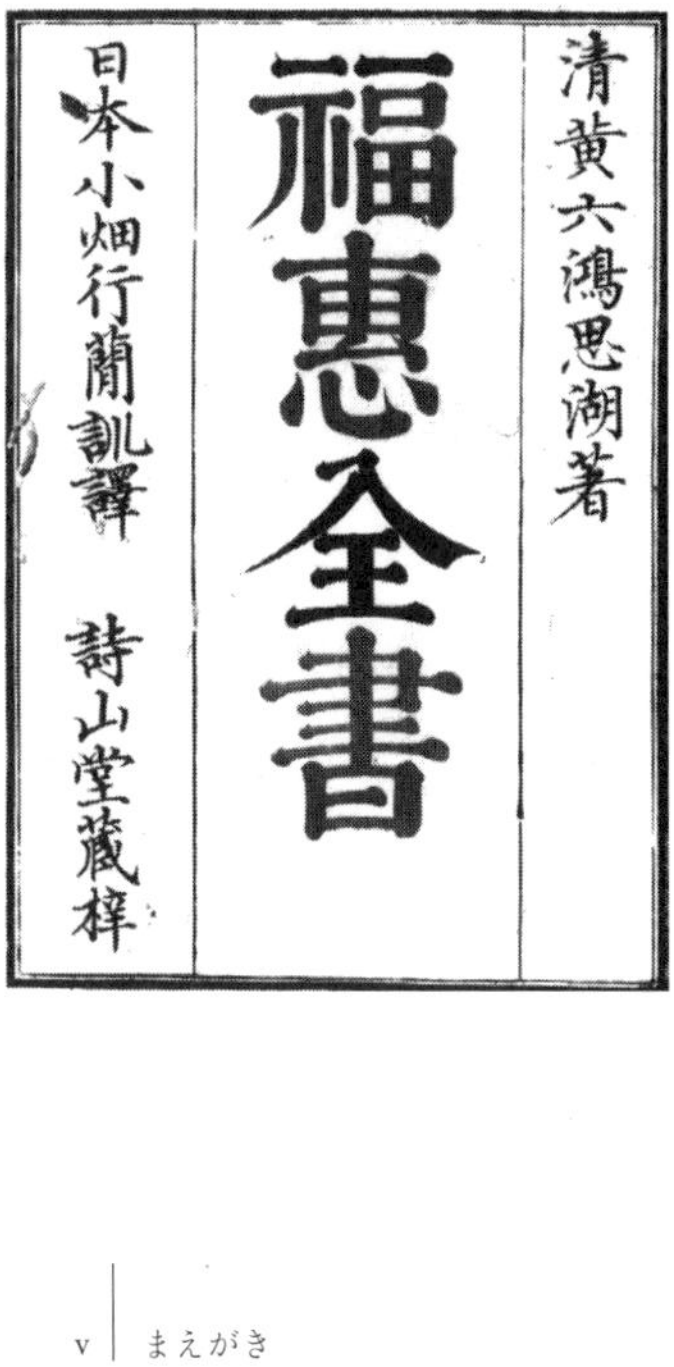
清黄六鴻思湖著

福惠全書

日本小畑行簡訓譯　詩山堂藏梓

和刻本『福恵全書』封面

ばしば生じる難題を解決に導いた。また、政策実行の抵抗勢力である県署の役人や地元の人間たちに対しても冷静な観察を怠らず、応接も誤らなかった。その結果「順調な官僚人生」を歩むことに成功した。

『福恵全書』には知県になるための心得や知県となってから赴任する土地と人間に関する諸注意、県政において発生した諸々の魑魅魍魎《ちみもうりょう》事件の顚末などが詳細に語られている。黄六鴻はこの書を通して当時の県政のコツを後進の知県たちに伝授し、任地の住民に書名が示すような「福恵」を施す「義」の実践を期待したに違いない。

だが実際のところ、黄六鴻およびその忠告を受けた後輩知県たちによって治められた民衆は果たして「福恵」を文字通り享受したのであろうか。そこにはまさしく儒教政治の理想の下に統治された人々の現実が垣間見られる。

そこで以下、清代の知識人がめざした官僚人生とは何だったのか、ひいては現代に通じる「中国のお役人」とはどういうものなのかという問いかけの一端を黄六鴻本人の口を通して直接明らかにしてもらい、そのような官僚人生について自省の弁を伺おうと思う。

なお、黄六鴻は十八世紀初頭に死んでおり、当然のことながらその後の中国の県政状況や現代日本の社会事情などを知る由もないが、そこはそれ、ナレーターとしての役目の都合上、どういうわけか、これらの知識をも備えているという設定になっている。この点はあらかじめご了解願いたい。

目次

第四章 知県の人間対応……123

第五章 黄六鴻の事件簿……173

第六章　その後の人生……233

第一章

官僚への道

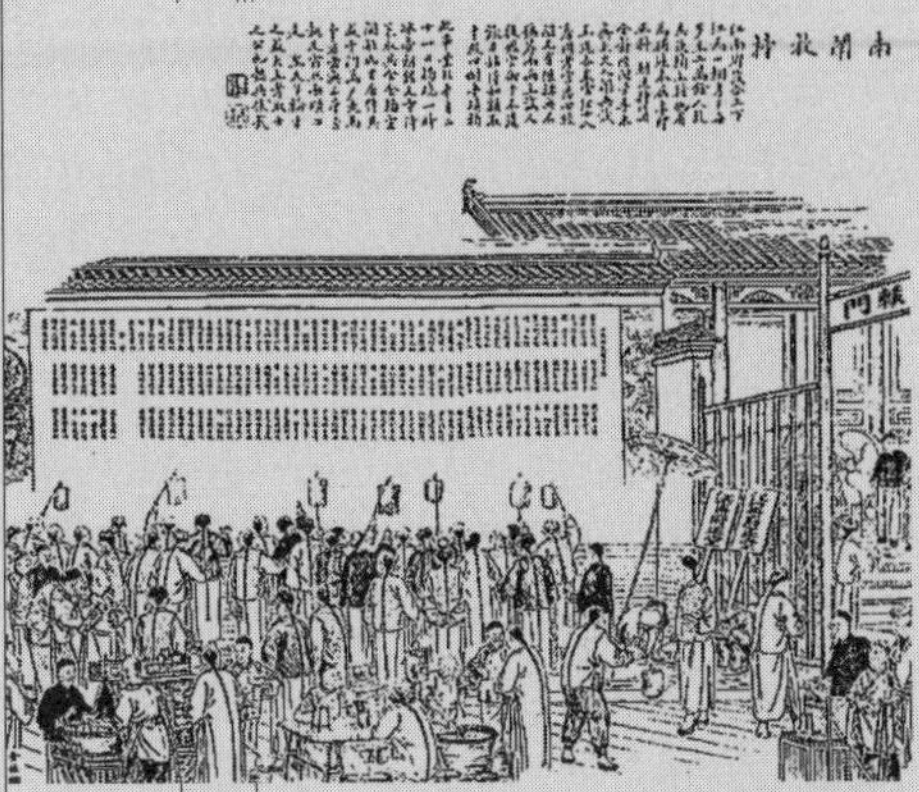

郷試合格発表
金榜は姓氏里居を宏開して、
其の盛なることを伝ふ。

一――生家の環境

私こと黄六鴻は崇禎三年（一六三〇）ころ、江西省新昌《しんしょう》県で生まれました。自分で言うのも何ですが、「ころ」というのは生年がはっきりしないからです。伝統中国では人を語る際、生年を記す慣行がなく、別の記載から推測するほかないためです。

とまれ、当時といえば中国では明代末期に当たり、明朝最後の皇帝崇禎帝《すうていてい》が即位して宦官魏《ぎ》忠賢《ちゅうけん》を糾弾し、政治を刷新して親政を取り戻した時代でした。しかし、北では満洲族の建てた後金国が勢力を増し、陝西地方では農民反乱が勃発して、内憂外患の状況にありました。

私が生まれた新昌県は現在の省都南昌《なんしょう》に近い北西部瑞州《ずいしゅう》府に属する一県でしたが、その歴史は古く、三国呉の時代に創建されています。本来は宜豊《ぎほう》といいましたが、宋代に新昌に改称されました。九嶺《きゅうれい》山脈の南麓に位置し、山地が県の多くを占め、竹などの森林資源に恵まれた地域でした。ここは学問の環境にも恵まれ、明清時代を通じて科挙官僚が比較的多く誕生しました。

私の一族はこの新昌県の湖城《こじょう》に住み続けること十数代、その家系にも長い歴史がありましたが、祖父の英文公《えいぶんこう》に至って学者としての名を留めることになりました。

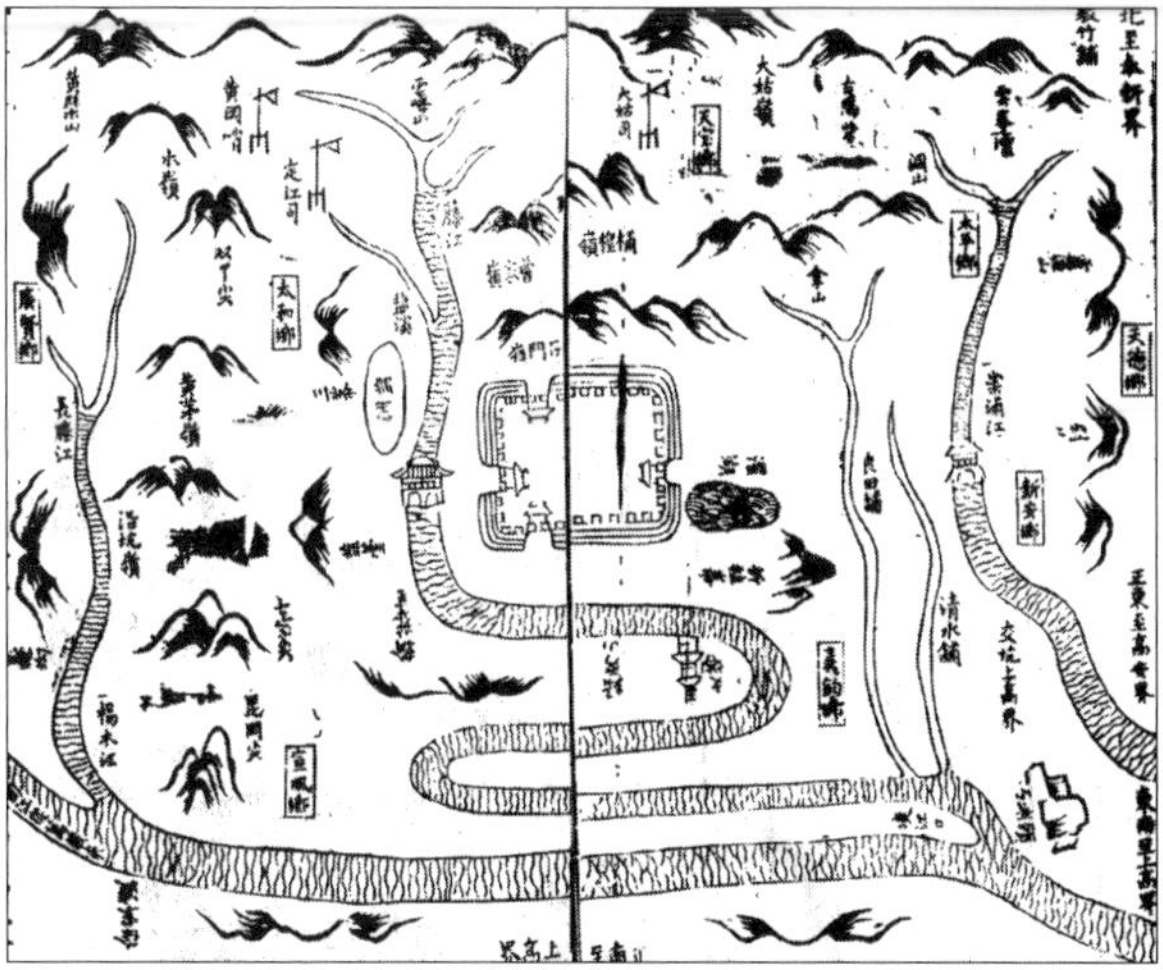

新昌県図

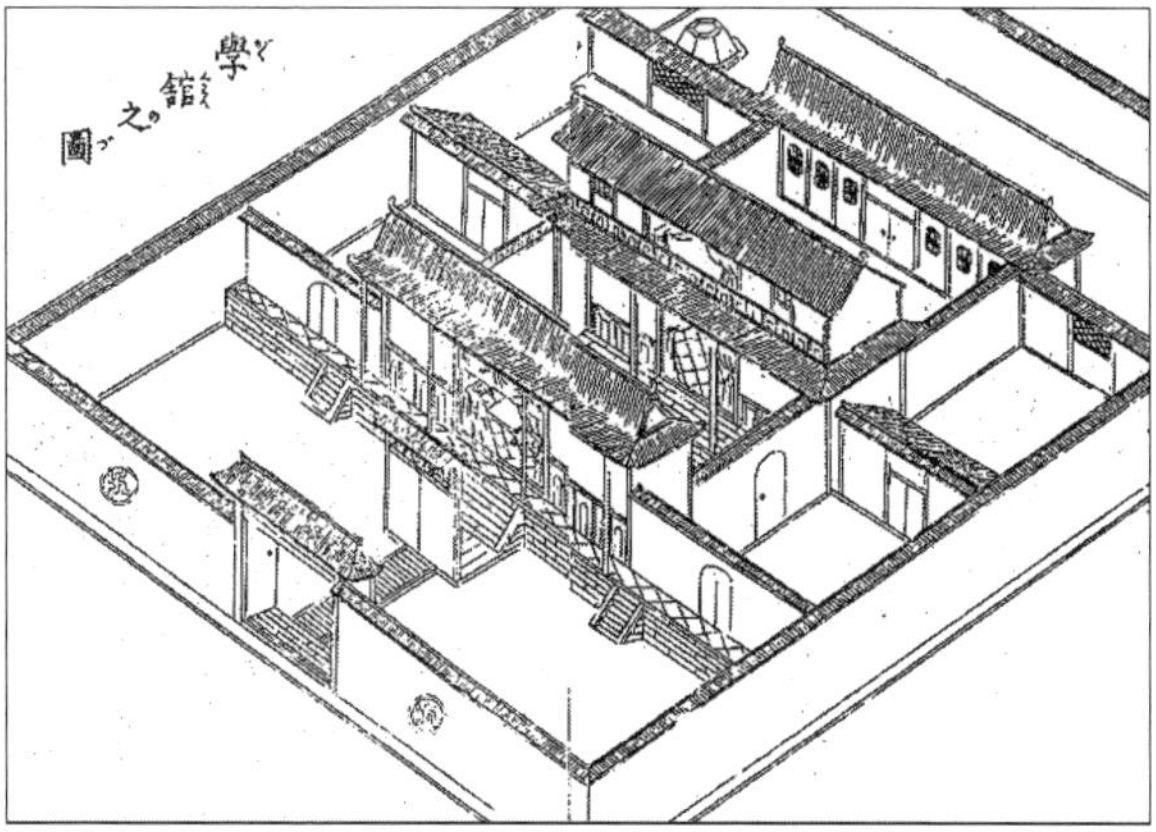

閭学（学館）

英文公には国琦《こくき》、国連《こくれん》、国璋《こくしょう》という名の三人の息子がいましたが、長男国琦には息子がなかったため、三男の国璋の実子である私は生まれてまだ一年もしないうちに伯父国琦の養子となりました。

義父は祖父の薫陶よろしく崇禎十年（一六三七）、四三歳の時に進士に合格して福建省建陽《けんよう》県の知県として赴任しました。その統治は民を慈しみ、大物盗賊を平らげたことなどで評判を得たそうです。

私は義父母と一緒に建陽県に行きました。私も義父の影響を大きく受け、一生懸命学問に励みました。我が家や我が一族にとっても期待の星であったに違いありません。

一般的な知識人の家では、子供が五、六歳になると彼らに教育を受けさせました。それにはおよそ三つの方法がありました。一つは義学とか義塾とか呼ばれ、郷里の篤志家が郷民や一族の子弟のために資金を出し、寺院や族内の祠堂を借りて経営したもので、親にとっては最も安上りに済むものでした。

もう一つは閭学《りょがく》（学館）という私立学校です。入学の際、親は教師を自宅に招き、子供を引き合わせて接待するのが慣例でした。年間の謝礼のほかに入学手続き時には付け届けが必要でしたが、知識人たちの子弟の多くはここで教育を受けました。

三つめは家庭教師です。これは金に糸目をつけない名家や金持ちが自分の家に教師を住み込ませて子弟の教育に当たらせるもので、無論謝礼は最も高額でしたが、それに見合うだけの効果もありました。時代と場所は異なっても親が子の教育費に悩まされるのは同じだったのです。

子供は勉強を始めると、まず『三字経《さんじきょう》』や『千字文《せんじもん》』などの教科書で簡単な漢字を覚えていき、最終的には四書五経を中心とした儒教の基本経典を習得して一通りの古典知識を身に着けることになっていました。「習得」とはその文章をすべて暗誦できることを意味しました。

だから朝から晩まで暗記、暗記の連続でした。子供たちの中には女の子も混じっていましたが、女の子の場合は少し大きくなると勉強を止めてしまいがちでした。

これらを教えてくれるのは、だいたい科挙受験を諦めた知識人でした。官途に就かない知識

学館諸生列位之図

招飲先生之図

人でもそれなりの生活手段がありました。何といっても旧社会では文字が読み書きできるインテリは何かと役に立ったのです。

家庭教師や閨学の教師はその中でも堅実な職業選択でした。場合によっては生徒の合格実績で高い評判を得て、いまでいう「カリスマ教師」として高収入を得る者もいました。

この点では、江戸時代の日本のように仕官できない武士が傘張り浪人ややくざの用心棒に落ちぶれるのとは違いました。もっとも知識人には用心棒になれるほどの腕はからっきしなかったのですが。

崇禎元年(一六二八)に上海の名家に生まれ、私と似たような家庭環境の下、ほぼ同じ時代を生きた姚廷遴《ようていりん》という人物は、その日記によると、六歳で浙江から招いた教師について最初に『大学』を学び、続いて九歳で『孟子』を、一一歳で『詩経』を学び、一三歳で文章を作ることを始めたそうです。私も同じような学習コースを歩みました。

ただ姚廷遴は一三歳で父を亡くし、家庭内のいざこざから一四歳になると遊び仲間と付き合い始めて放蕩生活に入ったことで学業に専念せず、さらに明清交替期の動乱による一族の没落もあって、とうとう進学の道を断念しました。これに対し、一五歳で同じく明清交替を経験した私ではありましたが、幸い学問を続けることができました。

崇禎十七年(一六四四)、義父は中央の監察官の一つである吏科給事中に推挙されました。ところが、その年の三月に李自成《りじせい》の乱によって明朝が滅亡したため、当時私はまだ大人になり切っていなかったとはいえ義母を守って建陽県の西隣りの邵武《しょうぶ》県から新昌県に逃げ帰りました。

義父は当初明朝の末裔を擁して清朝に抵抗する南明《なんみん》政権に加わっていましたが、やがて母親の病気を理由に官を退きました。また清代になると内閣の前身である内三院の要職に推挙されましたが、母親の高齢を理由に任官せず、南京に居留しました。私はそのまま義母とともに新昌県に留まり、やがて試験を受けて国の設けた正式な学校である儒学に入学する年になりました。

儒学の受験には、親がごく一部の賤業に就いていた場合を除くと、男子なら誰にでもその資格がありました。したがってその先うまくいけば官僚になることができたのです。この点、中国

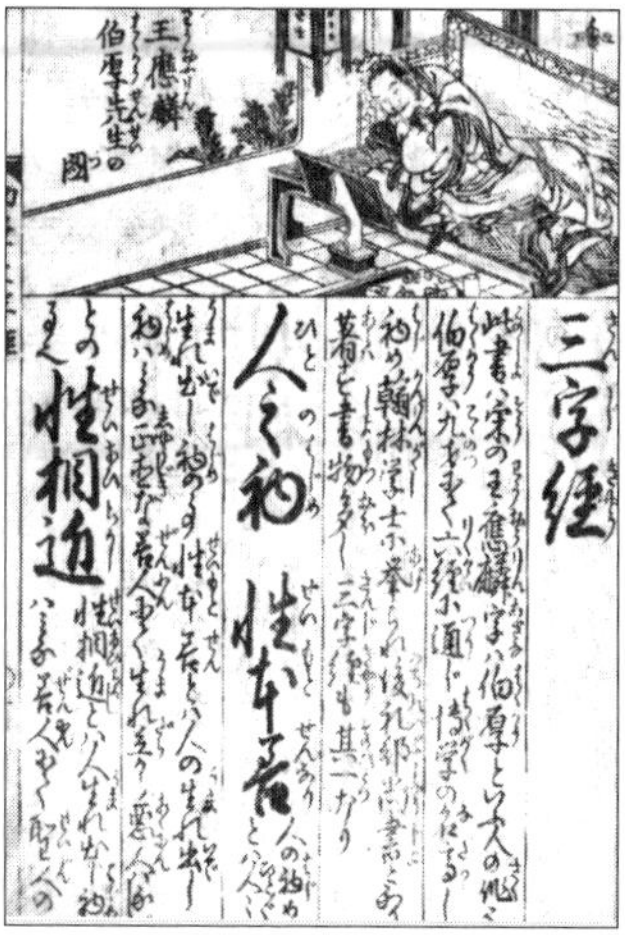

『三字経』（和本）

『千字文』（和本）

は開放的であり、江戸時代の日本のように農家にどんな優秀な子が生まれたとしてもその功績によってせいぜい苗字帯刀を許されるくらいで、武士になれない身分制度社会とは大きく異なっていました。

しかし、とはいっても、庶民は一般的に生活にゆとりがなく、とりわけ農民の場合は子供が少し大きくなると農業労働力として期待するところがあり、いつまでも読書して遊ばせたままにするのはあり得ませんでした。

第一、親は字をしらず、家にはまったくといっていいほど文字の影がありません。不動産などの契約文書に自分で署名しなければならない時でも名前が書けないので、拇印《ぼいん》か「〇」や「十」の字でごまかす場合がしばしばでした。これに対し、知識人の家では生まれながらにして受験環境が整っていました。「書香の家」とは本の香りがする知識人の家のことですが、その家の子供は生まれながらにして本の香りをかぐことができたのです。

二十一世紀の日本には子供が一歳になると、その子の前に本（文化人）、楽器（芸術家）、ボール（スポーツ選手）を並べ、どれを取りにいくかでその子の将来を占うという慣習が残っている地方があるそうですが、中国の農民の場合はスキ、クワ、カマ以外に並べようがありませんでした。

これに対し、本だらけの環境の下に育った子供が勉強に興味を持ったとしたら話は別でした。親は子が勉強に時間を費やすことに反対するはずはなく、前述のように著名な家庭教師を高給で招いてその学力をさらに高めることにもやぶさかではなかったのです。誰もがみな官僚になりたいと思っていたとしても、それぞれの家庭環境によりスタート地点からすでに大きな差がついていました。

運がよいことに私は勉強していても叱られない家庭環境の下に育ち、高度な教育を受けることができました。

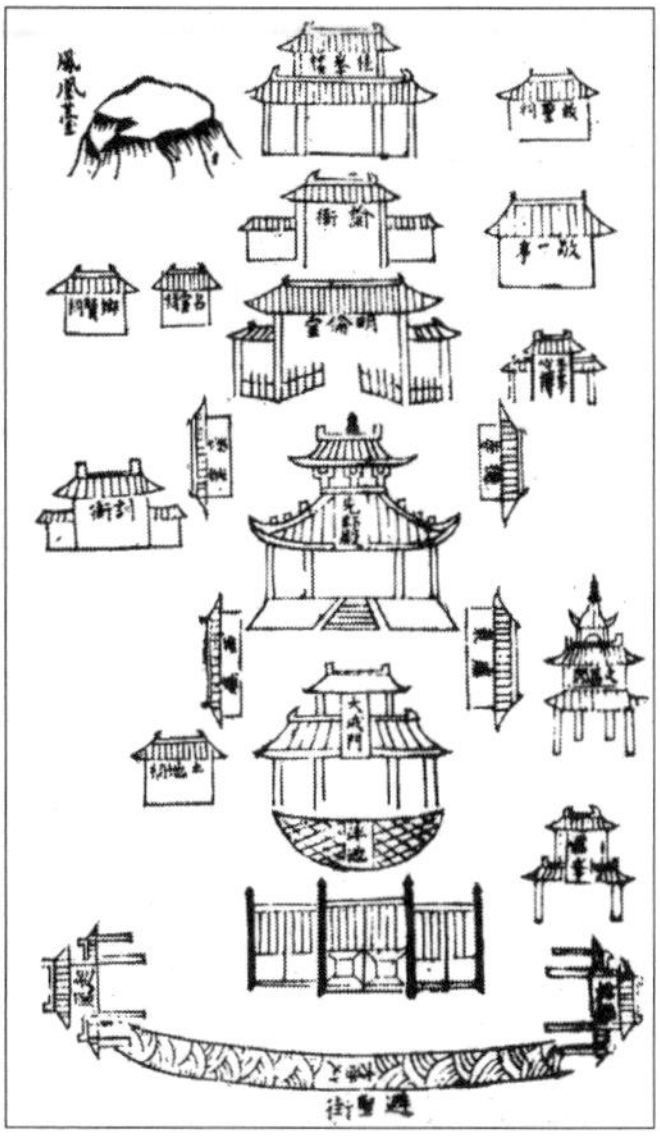

新昌県儒学

童子開学

儒学は府に設けられた府学、州に設けられた州学、県に設けられた県学の三種がありました。これらは場所と学生数に違いがあっても上下の等級や程度の差はありませんでした。行政単位としては県の数が最も多いため、県学の数もおのずと多かったのです。

二――入学試験

県学の教官は教諭といい、学生は生員といいました。ちなみに府学の教官は教授、州学の教官は学正といいました。教授と教諭の名称は日本でもまだ用いられているでしょう。もっともこれらの教官と学生は現代のように教室で教え、教えられるという関係ではありません。つまり学生が入学するということはその学校で時折行われる、学力を確認し科挙の受験資格を得るための試験を受けることを意味し、教官は彼らを監督し、定期試験を実施するだけの役目を担うものでした。

この学校への入学試験を童試といい、受験生を童生といいました。「童」とは子供の意味ですが、前述のように受験資格はほぼ万人に開かれ、何度でも受験できることから、どう見ても「童」ではないロートル生も少なくなかったようです。

儒学への入学試験は三年に二度行われました。毎回の入学定員は清初の場合、大県の学校か

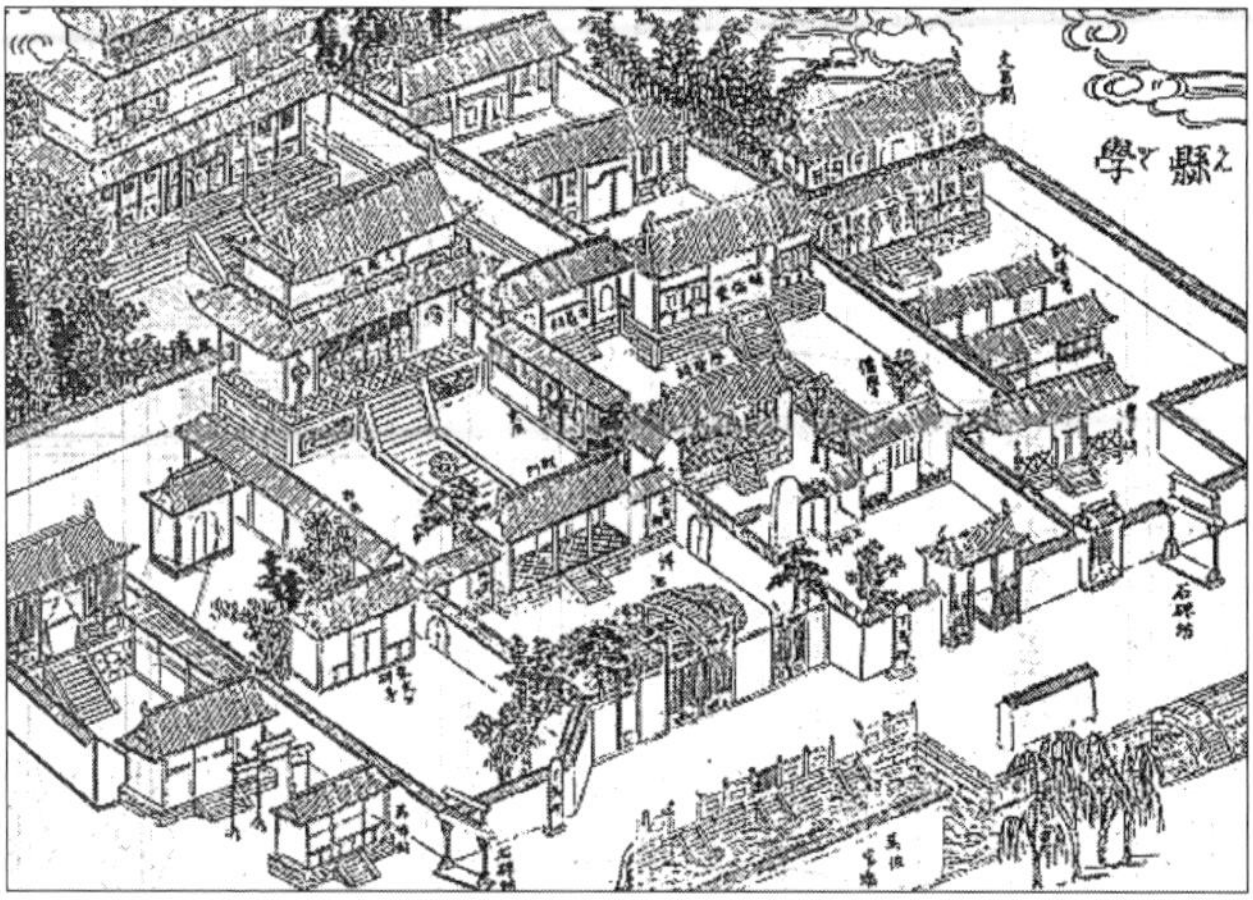

県学

校士館

ら小県の学校までそれぞれ差がありました。ちなみに私が受けた江西省新昌県では一五名でした。

試験は三段階に分かれ、それぞれを県試、府試、院試といい、最終の院試に合格しなければ、振出しに戻って再び県試から受け直さねばならないシステムでした。

第一段階である県試は県の校士館という建物で実施され、知県が責任者でした。時期は春節明けの二月、願書には本人の姓名、年齢、身体や容貌の特徴、ひげの有無などを記入しました。写真がない時代の本人確認です。ただ年齢などは結構サバを読むことができたようです。

年齢をごまかすのは一五歳を境に出題の難度が高まったからです。大人びた受験生は年齢詐称を疑われ、それだけで不利でした。願書は優秀な現役の生員(廩生《りんせい》)に加えて複数の保証人の連署を添え、受験当日知県に提出する仕組みになっていました。

県試の最初の試験は夜明けに試験場に入り、日が暮れる前に答案を提出するといった、まる一日を費やすものでした。試験には四書からの出題と詩の作成が課せられました。四書からの出題とは、かりに『論語』の冒頭部分の「学びて時にこれを習う」とはどういうことかという問題が出たとして、この意味について朱子学の祖である朱熹《しゅき》の解釈に自分の意見を添えた文章で答案を作成する、といったことを指します。ですが、こんな誰でも知っている有名な個所からの出題は滅多にないと思ってよいでしょう。ヤマが当たって勇んで書き出す者、ヤマが外れて苦悶の表情を浮かべる者、いつの時代でも悲喜こもごもの情景が展開されました。

県試風景1

県試風景2

私が初めてこの試験を受けた時、大変緊張したことを覚えています。詩作ではついつい韻を踏むことを忘れそうになりましたが、これをしでかすと即不合格になるため注意を要しました。また時間はあるようであまりなく、文章は内容だけでなく、八股《はっこ》文《ぶん》という独特の対句形式を踏襲し、さらに楷書で清書しなければなりません。

また、文章の中に皇帝の名前、順治《じゅんち》帝《てい》なら「福臨《ふくりん》」、康熙《こうき》帝《てい》ならば「玄燁《げんよう》」ですが、これらの漢字、「福」「臨」「玄」などはよく用いられる文字とはいえ、これを同じ意味の別の漢字に換えないと、これまた一発アウトになりました。あとの時代になり皇帝の数が増えてくると、避けなければならない漢字はそれだけ増えることになりました。私の時代はまだましだったのです。

ちなみに日本の大学の小論文の試験では熟考を重ね、残りのわずかな時間で一気に清書する受験生がたまにいると聞いていますが、童試では途中で試験官が回ってきて答案作成の進捗状況をチェックするため、このタイプの受験生は童試には向かないようです。

試験後、三、四日すると初回の結果発表になりました。発表の際には図のように「中」という字を合格者の名で囲む粋な趣向が施されました。「中」とは及第、すなわち合格の意味です。私もこの中に自分の名を見つけると、無上の喜びに浸った記憶があります。

ただこれで喜んではいけないのです。県試は初回の合格発表日の翌日に行われる二次試験に続く都合四度の追加試験が加わって、初回および追加試験の平均成績で最終合格者が決められました。試験は最初から長丁場に及ぶものでした。最後の合格発表は単に氏名が成績順に並べられるだけでしたが、これでようやく県試が終了しました。

童試の第二段階の府試は県試の合格発表から約二か月後の四月に県が所属する府において行われました。今度の責任者は知府でした。試験科目や追加試験など、だいたい県試に準じて行われ、県試合格者の数が半分に絞り込まれました。

県試一次合格発表

夾帯本（持込み用超ミニ本）

童試の最終試験は院試といいました。学政使という一省の教育行政を司る官僚が責任者となり、任期三年のうちに二度各府に来て、生員たちの科挙受験資格を認定する定期試験を行うのと並行して実施するものです。試験科目はこれまでの試験とだいたい同じで、初回の試験で入学定員の三〜五割増しで合格発表を行い、翌日に行う二次試験で入学定員に絞り込みました。さらに二度の追加試験を経て、ようやくにしてこの試験が終了しました。

最終試験に合格した者には捷報という仰々しい合格通知が各県を通して受験生に届けられました。かくて受験生は儒学への入学が許されることになりました。一つの県で同時期に生員の資格を持っていた者が実際どれだけいたか、正確な数はわかりませんが、新昌県を例に挙げれば十七世紀前半は五〇名もいなかったのではないでしょうか。生員は俗に「秀才」と呼ばれましたが、生員になるだけでも文字通り秀才エリートだったのです。

とはいえ、試験といえば不正が伴うのが世の常です。少しでも楽して成果だけを得ようとする「不逞の輩」はいつの時代にもいました。なかでも当時においてよくあった受験生の不正行為はカンニングペーパーの持ち込みでした。場合によっては四書五経や過去問の模範解答が印刷された超ミニ本が活用されることもありました。結果、世界最小の印刷物が中国で生まれることになりました。写真の本は四〇頁、二万九〇〇〇字からなり、四〇人の模範解答が石版印刷されています。

もう一つは替え玉受験。写真付き受験票がなかった時代、本人になりすますのは案外簡単だったかもしれません。第三は重複受験です。一人で数名の名を用いて何回も受験するもので、試験が一斉に行われない場合には可能となるものでした。そのほか、ケータイはともかくとしても現代の入学試験で想定されるありとあらゆるカンニング技術がこの時代の中国で開発されました。ただ、防止する方法もそれを上回る数だけ考案されました。必要は発明の母でした。

私もこうした通過儀礼を経たはずですが、むかしのことゆえ、いつ試験を受けて生員になったのかはあまりよく覚えていません。順治初期（一六四〇年代後半）であったことに間違いなく、一〇代後半もしくは二〇歳前後だったと推測されます。もちろんインチキなしの正々堂々たる合格であったと断言できます。

童試概略図

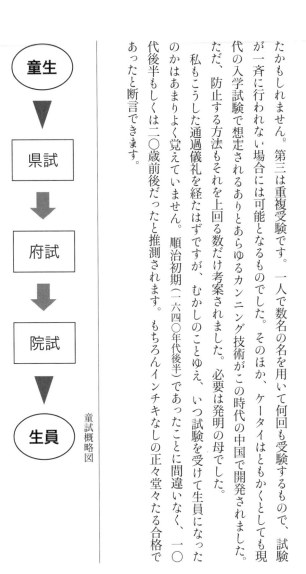

三――生員の生活

さて、生員になるとどんなよいことが待っていたのでしょうか。生員には庶民とは異なるおよそ三つの優遇を受けることができました。

一つ目は庶民とは違った扱いを受けることでした。生員になった者はそれまでの庶民から士人に呼び名が変わりました。するとこれは官僚の末端に連なる者として、服装も日常は青い合わせ襟のガウンを、公の場では九品官に準じた礼服を身に着けることができました。

法律上においても庶民とは区別されました。庶民が生員を侮辱したら、より重く罰せられましたし、本人が何か悪いことをしでかした際、知県が学校の承認を経ないで勝手に罰すると、知県自身が処罰されました。裁判に巻き込まれたとしても証人として出頭する義務はなくなりました。当時の裁判では関係証人は長期にわたって拘束されるので、野良仕事に忙しい農民は裁判の証人として強制連行されるのを最も嫌いました。その点、生員になると、この煩わしさから解放されました。これは結構大きな特典だったと思われます。

二つ目は一部の徭役を免除される特権が得られることでした。清代においてもなお徭役が残っており、とくに雑役の負担は庶民には大きいものでした。生員になるとこの負担が免除されました。また租税の納期も庶民に比べて大幅に猶予が与えられたため、それを口実に租税の納入を遅らせることもできました。

三つ目は、学業成績が優秀であれば、学資の名目で給料の支給が受けられることでした。さらに成績次第では貢生として北京の大学である国子監に推挙され、うまくいけば官僚になることもできました。

一方、生員になったための義務も同時に課せられました。それには県が主催する諸々の式典に衣冠を整えて出席することなどもありましたが、これはそんなにたいしたことではありません。

生員

メインは試験を受けることでした。

生員も学生であるからには試験からは逃げられません。試験には各学校の教官が月ごと季節ごとに実施する定期試験のほか、最も重要とされた歳試がありました。これは学政使が各府を巡回して三年に一度行うもので、生員はこれに理由なく欠席することは許されません。またこの試験の結果によって生員は六ランクに分けられました。第五ランク以下は劣等とされ、次の成績次第では生員の資格を剝奪されることもあったので気が抜けません。私も含め生員になったばかりの者はとりあえず第三もしくは第四ランクに位置づけられ、その地位は以後の歳試の結果で上にも下にも変化しました。

歳試は三回連続で欠席すると生員の資格が剝奪されましたが、私の仲間の中には「それなら二回までは欠席できる」と豪語し、その後まったく勉強しないで都合九年間生員を続けた猛者もおりました。

生員に対する縛りは「しなければならない」よりもむしろ「してはならない」の方が多かったようです。まずは「学校の規則を犯してはならない」です。これは当たり前といえば、それまでですが、ついつい資格を笠に着て横暴に振る舞い、法に触れる傾向は庶民よりも強かったみたいです。結果、資格剝奪の憂き目を見る者も決して少なくありませんでした。

次に「官署に軽々しく出入りしてはならない」です。庶民には近寄りがたい官署も生員にとってはむしろ進んで出入りし、その職員や知県の家人と仲良くなって県の動静を探る手立てにすることがありました。知県からすれば油断ならず、「そんな暇があったらもっと勉強しろ」と言いたいところなのでしょう。

「上書建白をしてはならない」や「集会結社を作ってはならない」などもありました。若い知識人が県政に批判的な言動を示したり、集団で抗議活動を行ったりするのは知県にとってもうれしいはずがありません。集団で試験をボイコットする事件が起これば知県も処分されました。「勝手に文書を出版してはならない」というのは、「学生の分際で著作を刊行するなど、一〇年早

清貧書生

い！」という感覚もあったのでしょうが、政治批判の宣伝活動を避けることがより重要な目的でした。

生員は勉強するのが本分でしたが、家が裕福で生活の心配がないため勉強に熱が入らず、さらに上の科挙受験をめざさないとなれば、ヒマを持て余し、ついつい地域の政治運動に参加する勢力となりがちでした。ちなみに「賢人」は中国語では「閑人」と同様に「シェンレン」と発音します。

反対に家が貧乏であれば、生活のためには金を稼がねばなりません。最も一般的で堅実だったのは私塾の教師でしたが、さほどの収入を期待できません。そのため、壁に穴が開いたままのあばら家に住み、家族から大きなプレッシャーを浴びながら清貧に甘んじて勉強を続けねばなりませんでした。そこでついついもっと多くの収入を得る射幸の道はないものかと、訴訟の教唆や租税の代納にも手を染める傾向がありました。彼らは知県にとって厄介な存在でした。「してはならない」はそれを規制するものでしたが、効果はさほどなかったようです。

こうした〝不良学生〟はともかくとして、彼らのまっとうな目標は何かといえば、それは科挙を受けて官僚になることだったのは言うまでもありません。それにはもう一つの大切な試験である科試に合格して郷試の受験資格を得る必要がありました。生員になるのに相当勉強しなければならなかった彼らも、もっと勉強しなくてはこの資格を得ることができませんでした。

科試は学政使が任期中二度府を巡回する際、歳試とは違う年に実施するもう一つの試験で、歳試とは異なり生員がみな受けねばならないものではありませんでしたが、これに成績上位で合格しないかぎり科挙に挑戦できませんでした。科試にはいわば郷試の予備試験的な性格がありました。

十八世紀の官僚社会を描いた『儒林外史《じゅりんがいし》』という小説には主人公の一人である安徽省鳳陽府《ほうようふ》五河《ごが》県の生員余《よ》有重《ゆうじゅう》の科試を受けにいったスケジュールが次のように詳しく記されています。

数十日過ぎて学政使の到着が知らされ、鳳陽で試験が施行されることになった。余有重は旅支度を整え鳳陽に向かい、宿を借りた。それが四月八日。九日には学政使が孔子廟に参拝。十一日には掲示があって、鳳陽所属の八県の生員の試験が行われた。十五日には、その結果の発表があり、各県から三名の者が合格と認められ、余有重もその中に入った。十六日には二度目の試験があり、十七日にその発表、余有重は第一等の第二番であった。余有重は二十四日までいて、学政使の出発を見送ってから五河県へ帰った。

四――挙人への挑戦

さて、いよいよ本番の科挙受験です。清朝は中国支配を果たした翌年の順治二年(一六四五)に最初の科挙である郷試を実施しました。満洲族の王朝でしたが、中国の伝統文化である儒教を重んじる姿勢を守り、いち早く科挙を復活させました。

もっとも、いざ中国を支配してみると、中国を統治するには大量の官僚を採用する必要があること、さらに知識人たちの要求に応じるのが懐柔政策として有効であることがわかったのもその背景にあったと思います。

とまれ三年に一度、子、卯、午、酉の年の旧暦八月、中秋節に近い涼しくなる季節に行うといった明朝のやり方をそのまま踏襲しました。場所は各省の省都で行い、責任者は中央から派遣される正考官と呼ばれる官僚でした。

試験会場は各省省都の中心に常設されている、郷試だけに使う貢院という巨大な建物でした。そこにはまさしく独房というのがぴったりの窓も何もない小さな部屋が無数にあり、受験生はそこで二泊三日の長時間にわたって答案を作成しなければなりませんでした。

八月八日の午前一時を期して受験生は会場に入りましたが、その日まる一日が点呼と本人確認の作業に費やされました。本番の試験開始は翌日からでした。何せ〝独房〟で寝泊まりしなければなりません。筆記用具のほかに、食料品、布団、ナベカマなどの持ち込みは認められていましたが、身体検査があり、四書五経を書き込んだシャツなどが見つかろうものなら即退場になりました。点呼が終わると仮眠を取らなくてはなりませんが、ベッドなんていうものはなく、部屋

身体検査

郷試会場

に置かれた板を差し渡して寝床にするのが慣例でした。

それでも寝ないわけにはいきません。翌日早朝から試験開始なのです。試験科目は四書からの出題と詩作です。これは童試と変わらないのですが、四書からは三問、より難しい問題が出され、答案は遅くても翌日十日夕刻までに仕上げなければなりません。その間、寝るなと食べるなと勝手でしたが、受験生はそれこそ寝食を忘れて解答に取り組みました。ともかくこれで一回目の試験が終了しました。

八月十一日、二回目の点呼が行われ、翌朝から試験が始まりました。今度は五経から五問が出題されました。点呼から終了までは一回目と同じでした。続いて八月十四日に三回目の点呼があり、同様に翌朝から試験がありました。今度は策題といって童試にはなかった出題になりました。つまりは時事問題です。当時の政治情勢のせいでしょうか、順治年間の出題には「海上勢力として抵抗を続ける鄭成功《ていせいこう》はどうすればやっつけられるか」などという生臭いものも現れました。受験生にとっては単なる知識を問うだけでないため、これには得意な者と不得意な者との間で点数に開きが生じたはずです。

これが終わると受験生は試験から解放されました。何と通算すると二泊三日を三度繰り返す六泊九日をこの試験のために費やしたのでした。ほとんどの受験生が徹夜の状態でした。答案が思いのほか早く書き上がってしまうと、思わぬ落とし穴が待っているものです。心がつい緩みがちになり、うとうとして机の上のローソクを倒してしまい、答案焼滅なんていう悲劇が起こらないともかぎりません。寝過ごしも危険でした。みなさんも卒論提出の時に似たような体験を味わっているでしょう。

郷試を初めて体験する受験生にとってこの試験は体力的ばかりか精神的にもきついものでした。何せまるまる三日間、試験官以外に誰とも口を利いてはならないのです。それも続けて三度にわたり孤独にさいなまれました。恐らく閉所恐怖症の者には耐えられなかったはずです。

夜中に答案を作成しているとしばしば怪奇現象が起こるといううわさがありました。これについては多くの本でいろいろ紹介されていますので、ここでは二つの話だけに留めます。

乾隆《けんりゅう》三十三年（一七六八）の湖南の郷試の時、城歩《じょうほ》県の生員田某は試験場で夜半一人の子供が号舎に来て飛び跳ねて泣くのを見た。田某が驚いて叫ぶとたちまち見えなくなった。田某がしきりにわめき、ひたすら恐れるので、試験官がこれまでに何か悪いことをした覚えはないのかと問いつめると、田某はしばらく考えた上でこう言った。「普段これといって大きな過ちをした覚えはありません。ただ家を出る時、妻が臨月で、女の子を産んだら始末しろと命じました。ひょっとすると、そのせいかもしれません」。家に帰ると果たしてそうだった。田某は後悔しても及ばず、この試験には合格しなかった。（「溺殺した子が試験場に現れる」）

湖南省常徳《じょうとく》府の羅元科《らげんか》は妻の呉氏に七度も溺女をさせていた。雍正《ようせい》十三年（一七三五）の郷試の初日、夜になり明かりをともそうとすると、無数の子供の手が現れ、肘をつかまれて動かせなくなった。羅元科は驚きと恐怖のあまり気分が悪くなり、答案は白紙のまま家に帰るとすぐ死んでしまった。（「溺殺した子に付きまとわれる」）

ここで紹介したのはたまたまともに湖南の人の話で、亡霊が出た原因は溺女、つまり男の子が欲しいあまりに女の子が生まれると殺してしまう悪俗に関わった受験生が被る報いを示したものですが、貢院に出現する怪奇現象の原因の多くは受験生の過去の悪行にあり、因果応報によって試験に落第し、ひどい時には死んでしまうという話は枚挙にいとまがありません。こうした都市伝説はいろいろなバリエーションで民間に伝わっていました。「怪、力、乱、神を語らず」を金科玉条とする受験生がまさに怪、力、乱、神を恐れたのです。

さて、そんなハードルを何とか乗り越えた受験生にとって合格を知った日は至福の時でした。合格発表は通常試験終了の一か月後に省城において成績順に合格者名と出身地が記された掲示が出される方法で行われましたが、各省では受験生の自宅まで通報するサービスもありました。なかには「報せ屋」といって本人に合格を知らせて祝儀をもらおうとする者まで現れました。日本にはそのむかし、「サクラサク」なんていった合格電報を引き受ける専門業者がいたそうですが、これと似たようなものです。

郷試に合格して栄えある挙人の称号を得た者はやはりエリートでした。毎回全国で一四〇〇名前後の挙人が誕生しましたが、それに応募する受験生は一四万名前後、したがって競争率約一〇〇倍の難関でした。だから挙人になった人に対しては周りの見る目が変わりました。

もしも身近な知り合いが挙人になったとしたら、一般庶民はそれをどのように受け止めたのでしょうか。これについては『儒林外史』の有名な一節で具体的に描かれています。この話はいろいろなところで紹介されていますが、面白いので改めて以下に簡単にまとめます。

范進《はんしん》は二〇回の試験を受けた末にかろうじて生員になっても相変わらず貧乏なままでうだ

溺殺した子が試験場に現れる

溺殺した子に付きまとわれる

つが上がらず、舅の胡のオヤジを恐れている。范進は思い切って郷試の旅費を出してくれるよう胡に申し出たが、どやされ、顔につばをひっかけられた。

「秀才様になれたとのぼせ上りおって。それを今度はばかばかしくも挙人様だとぬかすか！　挙人様てぇのは天上の文曲星じゃ。見てみろ、県城の張旦那様の家の挙人様方をよ。みなさん、百万長者で、ふっくらしたお顔に大きな耳をしておいでだ。おめえみたいな口のとんがった猿のあごをしている奴らは、自分の小便まき散らして、そいつでとくと自分の顔を映してみるがいい。身のほども知らず、白鳥の屁を食いたくなったりするんじゃねえ。そんな気持ちはとっとと引っ込めろ！」

范進はうろたえたが、それでも諦めきれず、周りの援助で何とか郷試を受けることができた。そして合格発表の日、見事合格の知らせを受けた范進はそれを聞くと、喜びのあまり気が触れてしまった。周りはみな慌てふためき、正気に戻すには范進が一番怖がっている舅の胡のオヤジに一発殴ってもらうのがよいのではないかということになった。ところが胡のオヤジは当惑して、

「おらの婿だといってもなあ、いまじゃ挙人様になりおった。つまり天上のお星様よ。天上のお星様を殴ることはできねえ。おらあ、寺の人から聞いた。「天上のお星様を殴ると閻魔様から鉄の棒を一〇〇もくらい、一八番目の地獄に落とされて、未来永劫抜け出してこられない」とのことだ。おらあ、そんなこととてもできねえ」

と今度はビビってしまった。しかし、周りから言われて、仕方なく酒をひっかけ肝を太くして、市場でうろついていた范進を怒鳴りつけ、ビンタを一発食らわせた。かくして范進は正気に戻り、事なきを得たのであった。少し落ち着くと、胡のオヤジはこんなことを言い出した。

「おらがいつも言ってた通り、おらの婿殿は学問も立派なら、顔立ちもいい。県城の張の

范進中挙

挙人扁額

お宅や周のお宅の旦那方だって、おらの婿殿ほどの顔立ちはお持ちにならぬよ。あんた方、知ってるかね。おらのこの両方の目は、どうしてなかなかよく人を見抜けるんだ。むかしのことだが、娘がまだ家にいて三〇過ぎたころだったよ。銭のある連中がうようよ結婚したいと言ってきやがった。だが、おらあ自分で、この娘には福相がある。いずれはお役人様の嫁になるんだ、と見込んでおったが、どんなもんだい、今日その通りになりやした！」

この話で興味深いのは舅の胡のオヤジの豹変ぶりです。范進は生員であったとはいえ、それは金儲けと結びつかず、胡のオヤジにとってはダメ婿であることに変わりありませんでした。だが、挙人に合格した途端、評価は打って変わりました。また、いままで平気で殴ることができた相手が「天上のお星様」になったことで急に気後れしてしまいました。これらは胡のオヤジに代表される庶民の、生員と挙人とに対する見る目の違いをよく表しています。官僚になる道が具体的に開けるようになった挙人の資格は世間ではそれだけ特別なものとして受け止められたのです。

エッ、私はどうだったかですか？　幸いなことに清代になって四度目の順治辛卯科、つまり順治八年（一六五一）の郷試に合格することができました。二一歳の時でした。江西は文化的に発達した省と見なされ、浙江とともに挙人の合格者定員枠が最多であったこともラッキーでした。

私も范進みたいに喜びのあまりに気が触れ、親戚のおじさんに殴られたかですって？　いえいえ、こう見えても私は周りから信頼されていたのですよ。身内にも残念なことにこんなユニークなおじさんはいませんでした。

私の故郷である新昌県においては清朝が実施したこれまでの郷試で二人の合格者を出していましたが、順治八年のそれは私を含めて何と七名の合格者を出す大変な当たり年でした。私は合格者仲間を「同年」と呼び、一生涯深い関係を持ちました。

状元の夢

五――進士をめざして

さらにより高みをめざす者の希望はその後の会試・殿試を受けて進士になることでした。会試は郷試が行われた翌年の三月に北京の貢院で実施されました。責任者は礼部尚書、日本ではいまでいう文部科学省の長官が当たり、郷試と同様に三回に分けて行われました。

合格者は貢士といい、まだ進士ではなかったのですが、この時点で進士になることが保証されました。順治年間（一六四四～一六六二）の平均合格者数は三八〇名でしたが、康熙時代に入ると一六七三年までに実施された四回の平均が二〇五名と大幅に削減され、少数精鋭の上に競争率は五〇倍くらいになりました。

会試に合格すると一か月後に殿試が待っていました。責任者はいよいよ皇帝です。試験は宮中の保和殿で行われました。ここでは策題のみが試されました。この試験は原則として落とすものではなく、会試合格者をランク分けするのが主目的でした。とくに順位を決めることが重要で、成績上位三名は第一甲に位置づけられ、その最優秀者に「状元」という称号を与えました。状元は全国で科挙をめざす知識人士大夫の最高峰であり、当代随一の儒教会得者として最も理想的な人物であることが試験によって公に認められたことを意味しました。周りもまたそれにふさわしい尊敬と称賛を彼に浴びせました。何よりも将来の大官の路を確保したのですから、人生最大の喜びだったに違いありません。

会試合格掲示1

会試合格掲示2

清朝二六八年間においては一一四名の状元が誕生しましたが、このうち歴史の教科書レベルに名を留めた人物は不思議なことにほとんどいないのです。得てしてそういうものなのでしょうが、優秀な人材がたくさんいるのだから一人くらい有名人が出てもよいはずでしょう。

一方、洪秀全《こうしゅうぜん》はどんな教科書でも紹介されている太平天国のリーダーです。でも彼の場合、科挙はおろか童試ですら何度も失敗しています。しかし、試験に落ちたからこそ歴史に大きな名を留めたともいえます。これは皮肉というものです。

私はどうだったか、ですか？　義父黄国琦が明代崇禎九年（一六三六）の郷試に合格し、すぐ翌年の試験で進士になったことから、私もすぐに進士になれるものと思い込んでいました。当時は「万巻の書を読まず、万里の路を行かざれば、何をもって丈夫たらんや」などと息巻いていたことを覚えています。

しかし、進士はそんなに甘いものではありませんでした。私が挙人になって以後、康熙九年（一六七〇）までに八回の会試・殿試が実施されましたが、うち七回挑戦してすべて不合格でした。同期で挙人になった同郷の一人である毛逵《もうき》は順治十五年（一六五八）の会試・殿試にさっさと合格して山西省平陽《へいよう》府の刑名を司る推官に就任したので、まことにうらやましいかぎりでしたが、こればかりはどうしようもありません。康熙九年には不惑の四〇歳を越えていましたので、ここらが潮時と見て官途に就くことを選びました。

進士に合格しなくても官僚になる途はありました。挙人大挑といい、挙人が会試に三回以上

殿試

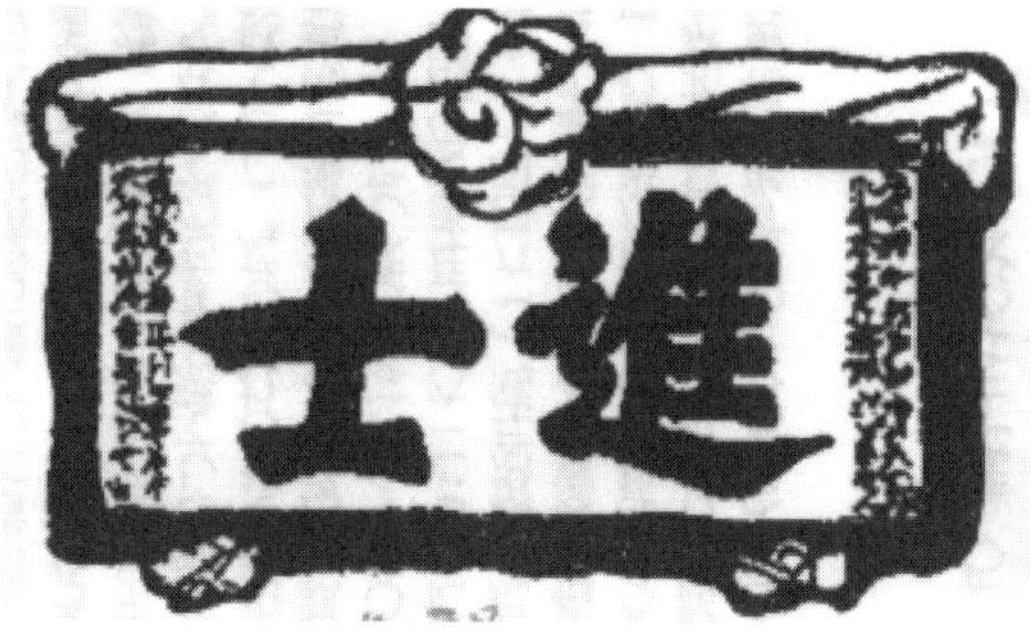

進士扁額

不合格になった場合、吏部に出頭・登録して受験することでそれが可能でした。幸い試験の成績がよかったのでしょう。私は知県に任じる資格を得る結果になりました。

科挙概略図

第二章

官僚人生の始まり

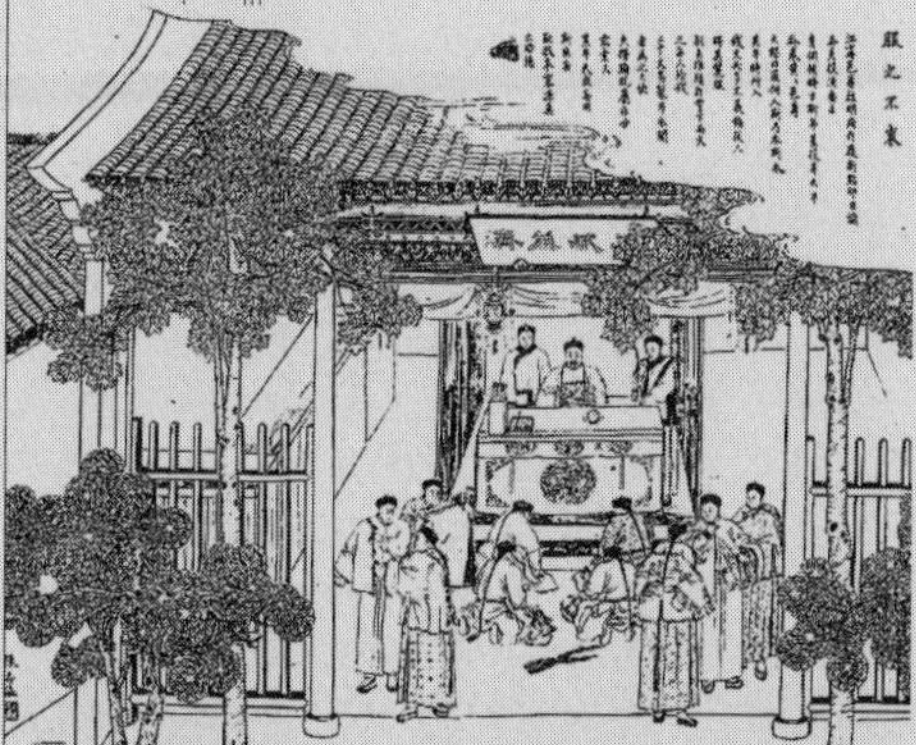

新官の懲罰
江寧の邑尊、履新の日に
各差役に諭して須く正身を要む。

一――赴任地の決定

殿試を無事終えた知県候補の進士たちは、その姓名と成績順位を文官の人事を担当する吏部に登録すると、いったん原籍地に戻り、ポストに欠員ができて呼び出しがかかるのを待ちました。通知を受けたならば、原籍の地方官の確認書や省の長官の書状を携えて上京し、毎月一日までに登録を済ませて待機し、二十四日に吏部での点呼と面接が済むと、翌日には掣籤《せいせん》、つまり自分でクジを引き、それによって一人ひとりの赴くべき任地が決定しました。

殿試・会試の試験成績が最もよかった若干名は中央の高級官僚のポストが保証され、なかでも第一甲を獲得した三名は皇帝のそばに仕えて詔勅の起草を掌る翰林院編修《かんりんいんへんしゅう》に就くことで将来の大官の道が約束されました。ただ、これはエリート中のエリートであり、多くの場合は地方の知県の職を得るのが普通でした。それでもいきなり一〇～二〇万人もの平均人口を擁する県のトップになったのであり、進士になったということは個人にその統治能力がすでに備わっていると認定されたことを意味しました。

挙人の場合、何度か会試に挑戦すれば、たとえ合格しなくてもその後の選抜試験で一等になった者は知県のポストに就くことができました。私の出身地である新昌県では順治年間（一六四四～一六六一）に挙人資格を得た者は一七名を数えましたが、このうち進士となった三名を除く一四名のうち、私を含めて三名もの知県が生まれました。清末になると科挙に合格しても任官できない状況が顕著となってきますが、清初では挙人でも知県になるチャンスに恵まれていたよう

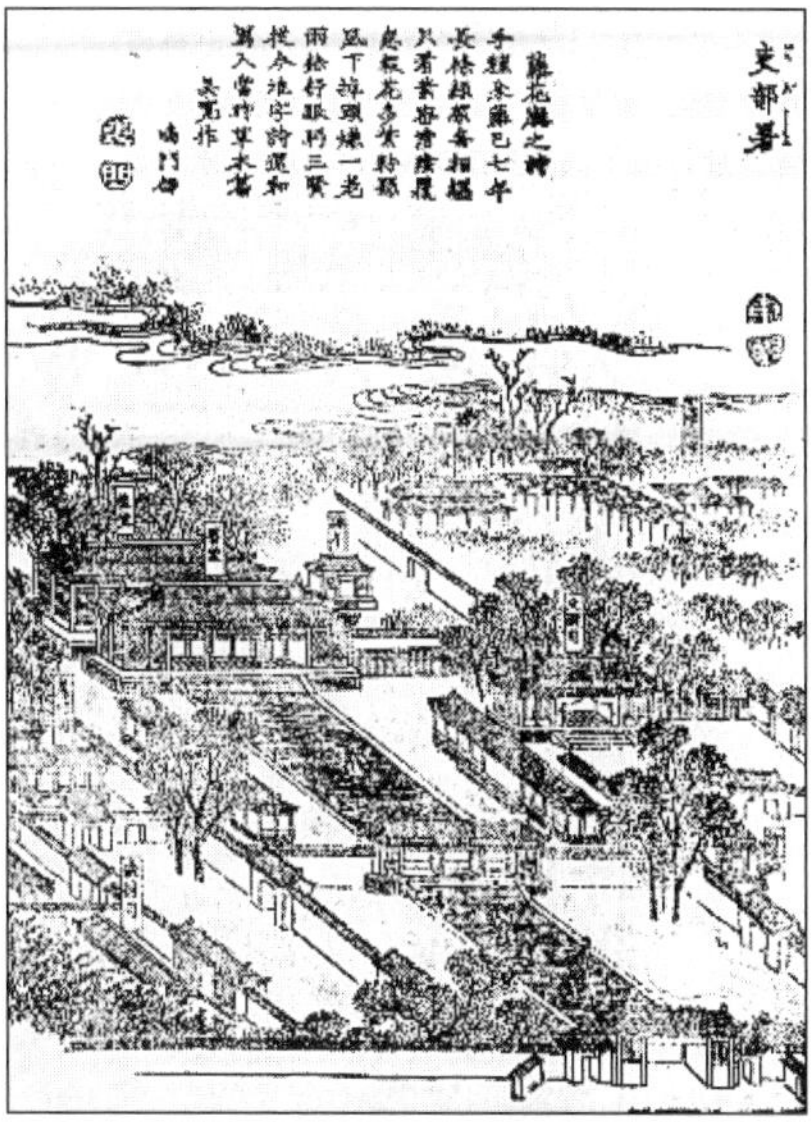

吏部署

です。

知県といえば一県の首長です。こんな重要なポストが人物の能力や適性を勘案することなく、クジで決定されることにはいささか違和感を抱くのですが、先にも述べたように一口に県と言っても異なる条件の下、特定の土地に希望が偏る傾向があり、吏部がその請託によって不正を働く弊害を除き、公平を期すためにこのような措置が取られたのです。

康熙三十五年(一六九六)からは、この掣籤のあと紫禁城の午門の前で面接試験が行われ、皇帝に引見されることになりました。最後の最後は皇帝が自分の手足となる官僚を自身が任命するという原則を堅持するために設けたものでした。こうして、正式に官僚として認められると、準備を整えた上で任地に赴くことになりました。

新任知県にとって最初の任官の成否が以後の官僚生活の将来を左右するものであったため、その準備には何をどう具体的にすればよいかを理解しておく必要がありました。新任者の場合、登録から掣籤まで長期間北京に滞在しなければなりませんでした。この長い間の北京生活での心構えとして私はこんなことを『福恵全書』に記しました。


万里の道のりであっても必ず最初の一歩から始まる。千仞《せんじん》の山も必ず一握りの盛り土から築かれる。物事は近場・低場から始めなければ、遠所・高所には達することはできない。ならば、牒《ちょう》(資格証明書)を提出して銓《せん》(資格の有無を審査して官職を授けられること)を求めることや檄《げき》

（任命書）を奉じて人民を治めるのは官途の第一歩なのであり、将来に栄達を極める者もまたこれがその初めに当たる。

それゆえ君子たる者、その任務を軽く考え、赴任地を侮ってはならない。任官の順番待ちの時には官僚となってからの志を固めておくべきだ。その後に赴任して民に臨むのであれば、仕事は順調に進み、見知らぬ土地で中傷に惑わされることもない。

任官までの自身の私生活に関しては、贅沢を抑え、貧乏書生の時のままのような清貧に徹せねばならない。民を愛するには、努めて民の暮らしを豊かにし、風俗を厚くして廃らせないことが肝心だ。政を行う時は、率先して日夜仕事に励み、弱音を吐いてはならない。

これらはすべて私の老婆心、いえ老爺心《ラオイエ》から出た忠告ではありますが、知県候補者としてはもう少し具体的で現実味のあることを知りたいのでしょうか。ならば、それについてもお教えしましょう。

まずは北京での滞在場所です。北京は全国から人が集まってくる関係で、会館という同郷人のための施設が多数あり、上京した官僚や科挙受験生に宿を提供することもその業務の一つでした。知県候補者にとっても宿泊費用を安く済ませようと思えばこの施設を利用するのが便利でしたが、人間関係の煩わしさを嫌う人はこれとは別に宿を構えることも少なくありませんでした。その場合、宿は静寂な仏寺か人気《ひとけ》のない建物を選ぶのがよいでしょう。理由は、女色を近づけて旅先の淋しい思いに掻き乱されてはならないためです。受験勉強というストイックな生活から解放された若い男性にとって大都会の紅いボンボリの誘惑は抗いがたいものですが、ついついその誘惑に負ければ、信用を損ねてしまいます。北京はさすがに首都だけあり、当時でも色街がてぐすね引いて待ち構えていましたが、十八世紀には江戸の吉原に匹敵する八大胡同という一大遊郭地帯が現れたとのことです。

もっとも私とほぼ同じ時代に生きた蒲《ほ》松《しょう》齢《れい》の志怪小説『聊斎志異《りょうさいしい》』緑衣女には醴泉寺《れいせんじ》という人里離れた寺に泊まって勉学に励んでいた若者の下に目の覚めるような美人、実は蜂の化身が現れたため、彼は勉強もそっちのけで魅力に取りつかれて、ついに一夜を共にする話が出てきますので、この問題は住まいだけでは解決しないものだったかもしれません。

実務に役立つ知識を前もって身に着けておくことも大事です。とくに『大清律』という王朝の法律書と中央六部の行政事例である六部則例は、これから実際に政治を行う上で馬鹿にしてはいけないものです。これらの書はいわば日本の『六法全書』のような官僚の基本図書であり、現代の常識ではそれを読むことはこれから官僚になる者にとっては当然のように思われますが、清代の知識人がそのたぐいの書に関心を持つことは滅多になかったといってよいでしょう。彼らにとって〝書〟とは経書をはじめとする哲史文の人文系書籍であり、それ以外はみずからがわざわ

緑衣女

秀水沈天易先生原本
大清律輯註
本衙藏板
武林洪皐山增訂
翻刻必究

大清律封面

妓楼

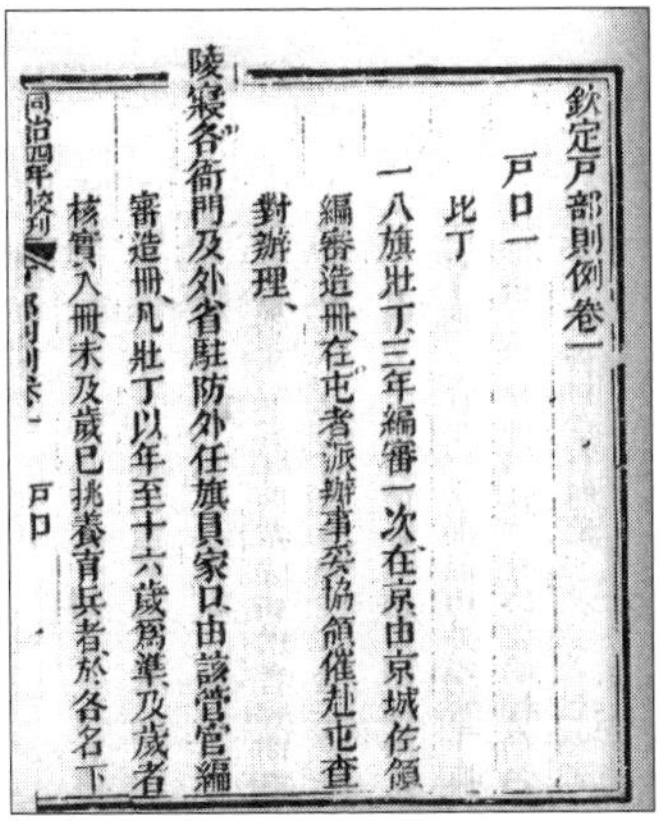
欽定戸部則例卷一
戸口一
比丁
一八旗壯丁三年編審一次在京由京城佐領
編審造冊在屯者派辦事委協領催赴屯查
對辦理、
陵寢各衙門及外省駐防外任旗員家口由該管官編
審造冊凡壯丁以年至十六歲爲準及歲者
核實入冊未及歲已挑養育兵者於各名下
同治四年校刊　戸部則例卷一　戸口

六部則例の一つ『戸部則例』

ざ習得する必要のない些末な知識を伝える〝俗書〟なのでした。しかし、実際のどろどろした現実の政治に携わってみれば、孔孟の教えは一向に役に立たないことがわかります。妓女と遊ぶ暇があったら、少しでもこの方面の知識をつけておくべきです。

地方官僚が赴任する際には回避の制という制度が設けられていました。これは官僚の不正防止のため、その本籍地等がある省内での任官を禁じたもので、おおむね南の出身者は北に、北の出身者は南にそれぞれ配属されることになっていました。赴任地がどこに決まるかは新任者にとって将来の出世や蓄財に関わる大きな問題でした。

赴任地にはそれぞれに特徴があり、知県たちの間では衝(要衝)、繁(事務繁忙)、疲(民情怠惰)、難(反抗的)の四種類に分けられ、そのうち三つを含む場合は「要缺」、二つを含めば「中缺」、一つ以下なら「簡缺」と見なされていました。それはつまりこういうことです。要缺とは土地が豊かで人々も裕福な反面、政務が煩劇な所のポストのこと、簡缺とは政務はたいしたことはないが、貧しいだけに得るものが少ない所のポストのことで、知県たちにとって要缺と簡缺のどっちがよいかと問われれば、みながみな前者と答えたようです。ただ「繁」はともかく、「疲」と「難」はなるべくなら避けたかったに違いありません。

現代中国には「新西蘭《シンシーラン》」という言葉があるそうですね。辞書ではニュージーランドの漢字表記ですが、一九八〇年代の中国の学生の間では新疆、西蔵(チベット)、蘭州(甘粛)の三つの辺境地域を意味し、大学を卒業すれば役人ポストが割り振られた当時、成績が悪いと飛ばされる人気のない場所の隠語でした。現代中国でも官僚世界なんて結局同じなのですね。

清代の知県候補者にとっての大方の希望は、多少の問題はあったとしてもその分多くの旨みが得られる土地に赴任することであり、その点では「志が定まれば赴任地がどこであろうと問題ない。さすれば、よい土地のポストを得たからといって喜ぶこともなく、悪い土地のポストしか得られなかったといって落胆することもない」という私の訓戒は残念ながらさほど効力を持たなかったのかもしれません。

二——赴任の支度

赴任地が決定すると、いよいよ出発の日を迎えることになります。それまでの間どんなことを準備し、心掛けておかねばならないのでしょうか。

まず赴任地決定後は整理すべきものがあれば整理し、すみやかに身支度を整えなければなりません。限られた時間や有用な気力を浪費してはいけません。また無駄遣いには注意しなくてはなりません。

豊かな暮らしがしたいだけで知県をめざし、任官が決まると贅沢を極め、盛り場で遊びふけって務めを果たそうとしない者は、その志がおのずと定まらないものです。彼らのその後を見るにつけ、慣れない土地で中傷に遭わない者がどれだけいたことでしょう。

要するに、私が説く赴任地に到るまでの心構えは次の点に集約されます。まずは油断すると見知らぬ土地で中傷に遭うから、そうならないためには質素、謙虚、かつ精励な態度を維持することが大切であり、それは儒教が説く「己を正すこと」だ、また任官の目的は自身の利益にあるのではない、それはみな儒教エリートの理想の実現ともいうべきものだ、といった点です。

出発までのあわただしい間とはいえ、赴任地についての情報を事前に収集しておくことは大事でした。インターネットのない当時の情報入手手段で最も一般的だったのは何といっても書物です。皇帝に謁見したあと、吏部より任官証明書が渡され、同時に赴任地の徴収税額、雑収入額、土地概況などの事項を記した書類が併せて提供されます。いわゆる新人研修なんていうものはありませんが、吏部としては若干不安な面もあり、事前にしっかり勉強しておくように宿題を課したのでしょう。

その土地の租税台帳である賦役全書から得る情報も有益です。賦役全書とは州県の銭糧や戸口の数、各支出項目がみな記載されているものです。全国の賦役全書はことごとく戸部に集められます。赴任地が決まれば戸部に赴き、その県の賦役全書を調べた方がよいでしょう。そうすればその土地の租税の多寡、肥瘠の状況が一目でわかります。また、前任者が栄転した場合は問題ないのですが、左遷や処分で離任した場合は、租税に関わる諸案件はまだ清算されておらず、後任者に累が及ぶことがあるので吏部や戸部であらかじめ調査しておかねばなりません。

赴任して一番困るのは前任者が残したツケを回されることです。なかでも財政上の問題は前任者の責任で生じたことを明確にしておく必要があります。前任者が途中で解任された県に赴任するのは要注意でした。

その土地の地方志をあらかじめ見ておくことも必要です。地方志とはその地方ごとの情報を記録したガイドブックであり、省、府、州県ごとに一定期間をおいてしばしば編纂され、県ならば『〇×県志』を見れば、その県の概要を知ることができました。

県志は主に県出身の名士たちが音頭を取り、生員たち地元の知識人を動員して編纂するもので、その土地の歴史、地理、概況、役人の赴任履歴、顕彰すべき人物、模範たる詩文などが記録され、総じて御国自慢の内容でしたが、情報としては信頼するにたるものでした。

私も「一県の山川や人物、税役や土産、荘村鎮集、祠廟や橋梁などの類はみな調べられ、政治はこれでうまくいく」と、その有効性を認めています。もっとも私の赴任が決まった郯城県では私が離任した翌年の康熙十二年(一六七三)、何と八八年ぶりに編纂されたのであり、それ以前の地方志が提供した明代万暦年間の情報はあまり役に立ちませんでしたが、まあないよりはましで、それなりの知識は得られました。北京にはそれらの地方志を売る書肆が方々にあり、会館に行けば容易に見ることもできました。

しかし地方に赴任するのであれば、現地の人間の様子や現在何が問題になっているかなどの新鮮で具体的な情報が必要で、それらをあらかじめ探っておくには書物だけでは限界がありました。そうしたことは実際のところ赴任地の事情をよく知る者に尋ねるのが一番でした。北京は全国から人が集まる場所なので赴任地の知県経験者や赴任地出身の官僚からその情報を詳しく得ることができました。

某は何をもって聞こえ、某は何をもって恨まれているのかを一つひとつメモしたノートは備忘録になりました。地方の風俗はまちまちです。租税の基準単位、田価、産物、人口、婚姻費用、農家の貧富など、みなそれぞれ異なっているので、現地の者から事前に尋ねて書き留めておけば、あとから役に立ちます。

名刺を出してちゃんとした態度で面会を求める人物に対しては虚心に教えを請うのがよいでしょう。老賢人で重望を担う人物ともまた謁見すべきです。酒宴に招かれたならば、期日通りに礼を尽くして赴きなさい。礼を述べる機会を得るだけでなく、自分の能力や品性を知らせる大きなチャンスになります。その後一年内外にわたって書簡をやり取りして安否を問えば、心配りが行き届き、意気相通じるようになるのです。

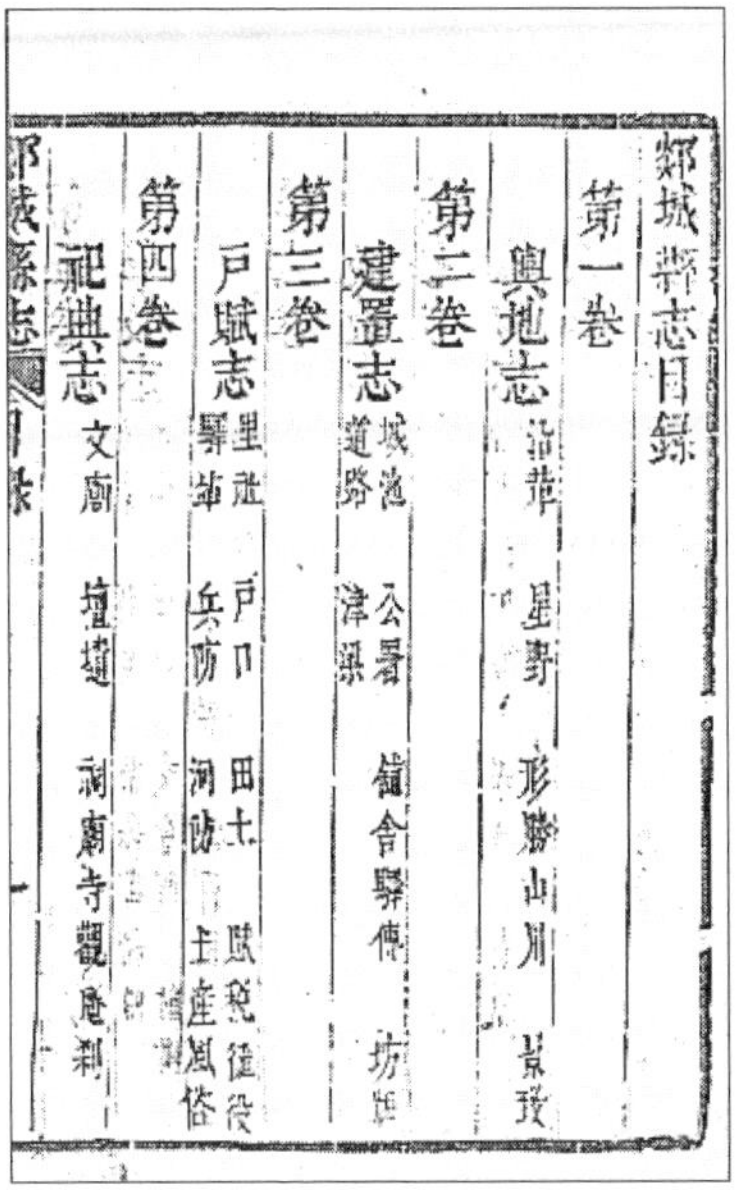
郯城縣志目錄
第一卷
輿地志 沿革 星野 形勝山川 景致
第二卷
建置志 城池 公署 舗舍驛傳 坊里 道路 津梁
第三卷
戸賦志 里社 戸口 田土 賦税 徭役 驛站 兵防 河防 土産風俗
第四卷
祀典志 文廟 壇壝 祠廟寺觀庵刹

地方志・『郯城県志』

ただし、これはまた諸刃の剣でもあることを心得ておかねばなりません。赴任地出身の官僚たちと面会することは、逆に相手に品定めする機会を与え、その情報がすぐさま赴任地に伝わることを意味したからです。だから面会は礼を尽くして慎重に応じなければなりません。

比較的気楽にしばしば会える、対等と思われる人への招待状はどう書いたらよいのでしょうか。そのサンプルを以下に示しておきます。

数日足下《あなた》にお目にかかれず、屋梁《おすまい》・顔色《おかお》、片時も足下を想わないことはありません。足下も鄙生《それがし》を気にしてくださるのなら、どうか急いで玉趾《おみあし》をお運びください。心のたけをお話ししたしたく、目下たたずんで履声《あしおと》に耳をそばだてております。不一。

こんな招待状をもらったら、こちらもこのように返事を書かねばなりません。

お別れしてわずか数日ですが、九秋《みつき》を隔てた思いでおりましたところ、たちまちかたじけなくも寵招《おまねき》を賜りました。ただ、すぐにおそばに飛んでいけないのを恨めしく思っております。たまたま冗羇《やぼよう》のため、しばしお待ちいただければ、直ちに御命令に従います。以上お返事まで。

これらは気の置けない対等な者同士の招待とその返事であり、親しい間柄であれば「来る？」「ちょっと待って」で済みそうなものですが、清代の知識人同士ではこんな七面倒くさい文面がまかり通っていました。「気の置ける」人物であれば、無論こんなものでは済みません。

人にはそれぞれ違った性格があり、受験秀才の中にはこんなわざとらしい文章を書くのは歯が浮くようでなじめないというだけでなく、こうした人付き合いを苦手とする者も少なくありませんでした。さらには地元の人間たちと馴れあうことを嫌う者もいました。しかし、そんな知県候補者に対しては、「エリート」の中には物事にこだわり、頑なに客に会わず宴席にも出ないことで見識を示そうとする者がいるが、それはわずかな交際費を惜しみ、今後の謝礼を省こうとするに

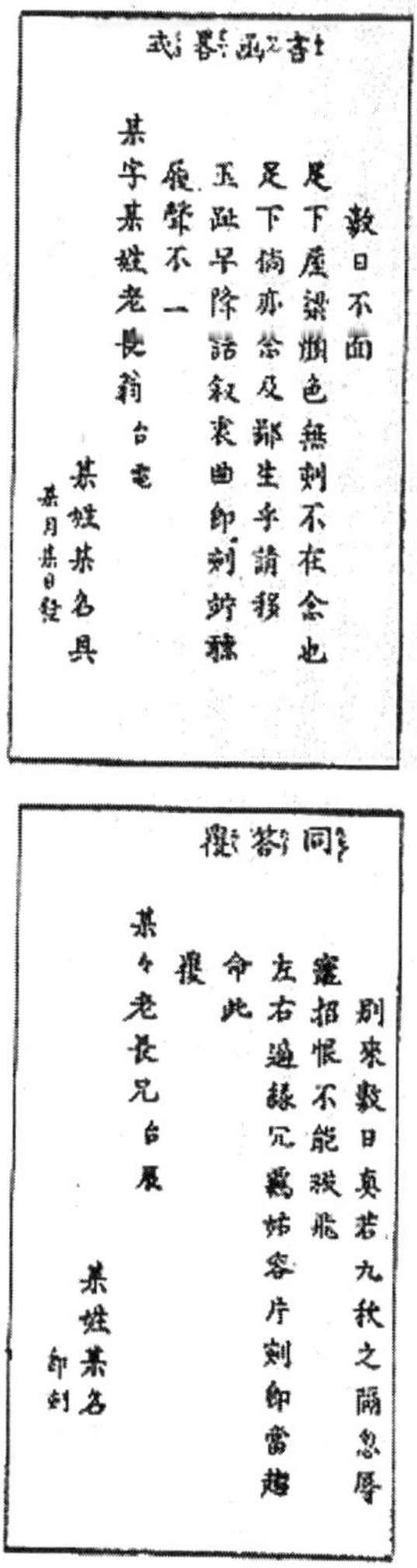
書函略式

數日不面
足下麈談顏色無刻不在念也
足下倘亦念及鄙生乎請移
玉趾早降話叙衷曲卽刻竚祷
飛箋不一
某字某姓老長翁台電
某姓某名具
某月某日發

同答覆

別來數日真若九秋之隔忽辱
寵招悵不能奮飛
左右適緣冗羈姊客片刻卽當趨
命此
覆
某々老長兄台展
某姓某名
卽刻

書函略式・答覆

過ぎない」と私は言いたいのです。

　赴任地出身の官僚たちと会うことについては、ほかの多くの知県経験者も積極的にこれを奨励しています。そこには赴任前から地元の有力者たちとのネットワーク構築を重んじる構造がありました。新任知県にとって赴任前の最初に作られた太いパイプはその後の県政を円滑に遂行するためには必要なステップでした。

　とはいえ、これらの地方有力者がみな善良だとはかぎりません。彼らの持ってくる餞別はその額にかかわらず一切受け取らないのが面倒を避ける第一歩です。「同い年の者からの贈り物はたいしたものでないことを確かめた上で多少は受け取ってもよいが、通常の贈答物はやめておけ」、「宴会に招く者が科挙出身でなければ行かない方がよい。宴会に出席するかぎりは喜びを前面に出すべきであるが、酔ってはならず、べらべらしゃべってもいけない」とこまごまと注意を与える別な先達もいました。

　余談ですが、中国の知識人は身なりを整えた者が酒に酔い潰れている姿を見るのをいまでも嫌がります。宴会に招かれて度の強い白酒をつい飲みすぎて呂律が回らなくなった日本人はこれで一遍に信用をなくすのです。これはいまでも役に立つ忠告でしょう。

三――スタッフの募集

このほか、赴任前の準備で重要な点として、赴任地において仕事を行う上で全面協力が求められる補助員たちを新たに募集する必要がありました。新任知県にとってこれから赴任する県は完全アウェーの場所であり、部下や職員がいたとしても彼らに全面的な信頼が置けず、かといって自分で何から何まで行うことは不可能だったため、心を許して補佐してくれる者は仕事の上のみならず精神衛生の上でも絶対になくてはなりませんでした。

その一つが幕友です。幕友は知県が個人的に招聘した行政顧問であり、それは県という幕府で知県を助ける参謀を意味しました。実務経験の浅い新任知県にとって専門知識を備えた人間をそばに置き、いつも彼らと相談することは不可欠でした。州県の事務は繁多であり、赴任地が業務過多の衝劇の地であれば、いろいろな出来事にも対応できる能力を持った者でなければ切り盛りできません。そのため幕友は尊敬の意味を込めて「師爺」と呼ばれました。清代の諺に「幕なくば衙《が》を成さず」というのがあります。幕友がいなければ衙門《がもん》、すなわち官署の機能が成り立たないとまでいわれるほどだったのです。

地方官僚はそれぞれの地位と部署に対応する幕友を備えており、その数は全国で数万人に上ったそうです。知県の場合でも通常五、六名になりました。少なくとも徴税を担当する「銭穀師爺」と裁判を担当する「刑名師爺」の二人は必要でした。徴税と裁判は県政の中で最も重要な任務であり、知県の勤務評定に大きく関わったため、ミスが許されなかったからです。

知県は彼らを賓客の礼で迎えました。そのため俸給は相当高額でしたが、これもすべて知県個人が自分の懐から出しました。幕友の多くは科挙受験を中途で諦めた知識人であり、生員の資格を持つ者もいましたが、最初から幕友をめざして専門知識の習得に努める者もいました。その結果、法律や経済のエキスパートとして名声を得た者は引く手あまたとなり、再三の就任要請が殺到しました。なかでも浙江省の紹興は有能な幕友を輩出する地方として有名でした。

しかし、幕友を雇うに当たっては若干の注意が要りました。私は『福恵全書』でこんなことを記しています。

才能に優れた者であれば、愚かな者にすべてを委ねるといった心配はない。頭の回転の速い者であれば、即座に対応が利き、躊躇《ちゅうちょ》による誤りはない。品行方正な者であれば腹心の協力者として、予測しがたい疑いを持たなくて済む。しかし、三つのうちでは品行方正がとりわけ大切だ。なぜならば、幕友とは常に相談して仕事を進め、まためて近い関係にあるからだ。いやしくも品が正しくなければ、雇い主が少しでも失意の念を起こすと、その長短を操って恐喝し、金を巻き上げることをしばしばやらかす。それゆえ長たる者は先に品のある者を採用することに苦労する。識はその次、才はまたその次だ。才や識が十分でなくても協力して助け合えば何とかなるが、品が少しでも正しくないと、いくら才や識があっても重んじるわけにはいかない。

もっとも、幕友を雇うのは忙時に業務を代行させるために過ぎません。少しでも時間があれば、大小となく知県が自分で点検し、問題があれば質問し、考えがまとまったらみずからが裁決

紹興師爺

知県に指図する幕友

しなければなりません。権限をすべて幕友の手に帰してしまうと、知県は操り人形と化してしまいます。幕友を過度に頼らず、顧問に徹させることが大切なのです。

幕友とは別に門生という私設秘書もいました。幕友と同様に知県が個人的に雇い入れて公務を補佐させる者で、幕友ほどの専門性を必要としなかったため親戚や友人の生員がなることが比較的多くを占めました。

幕友も信用が置ける点では親しい親戚や友人が就くのがベストなのでしょうが、そんな能力を備えた人物が都合よく周りにいるわけではなく、そのためいわゆる品行方正度の高い紹興出身の幕友がブランド化してしまったのです。北京では自薦他薦の幕友の売り込みも盛んでした。そうした場合、その人物を本来知っているか、または推薦者が顔見知りであれば雇っても構いませんが、情実で頼んでくる者については婉曲に断るのがよいでしょう。

知県が任地に赴くに当たっては兄弟や妻妾のほか、長随《ちょうずい》を伴うことが許されていました。彼らは主家に従属し、長年にわたって仕えてきた従僕たちです。長随の名称はこれに由来します。大家であれば家人を多く抱えており、その人数も少なくなかったでしょう。

しかし、赴任地にあっては身の回りの世話をする本来の従僕的家人だけでは数がたりず、県政全般にわたって庶務を担当させるために、新たに雇用契約を結ぶ召使いがかなりの数必要になりました。彼らは本来知県から私的に雇われた用人に過ぎなかったのですが、彼らにも公的な職権が与えられ、県政の一端を担うことが許されました。いわば私設の部下であり、給料はもちろん公費からは支給されませんでしたが、権限だけは公に機能しました。これが中国の面白い所です。その数は県の規模により違いがありましたが、なかには一〇〇名を超える場合もあったそうです。知県はこれらの長随を自己の統制下に置き、県政業務に参加させることで、表の職員である吏役の行動を一定程度牽制することができたのです。

長随の業務にはいろいろなものがありました。その中心は県署の門前に立って来訪者の用件を取り次ぐ門丁、機密書類を取り扱う知県の執務室の責任者、知県のそばにあって随時その命令に従う跟班《こんはん》などが挙げられ、県署の要所要所に配され、知県の手足としての役目を果たしました。ただ、彼らは知県との関係が深いことから、周りからすれば、それなりの力を持った存在であり、彼らの生活は知県からの給料というよりも、周りの付け届けによって支えられていました。

このような役目を担う長随の採用にも慎重さが必要でした。赴任地が決まると、知り合いから推薦を受けてやってくる者がいます。なかにはみずから差配人に頼んで直接売り込んでくる者もいます。ただこういった輩は金が目的であり、その地方に着くと吏役たちと結託して不正を行い、賄賂を分け合う恐れがあります。ひどい場合には、うわべは忠勤を装い、内心では悪事をたくらみ、知県の信頼をよいことに私利をはかることがあります。知県がそれを前もって察知しなければ、彼らの術中に堕ち、害を遺すことも少なくありません。しかし、知県が明察にして厳重に取り締まるようであれば、彼らはわずかな給料で故郷を離れ妻子を捨ててまで仕えることはあり得ません。長随の採用をとるか、害悪の排斥をとるか、いたしかゆしの状態でした。

また、赴任先の食べものが口に合わなければ政務にも影響を与えるので、自分が好む味を提供してくれる料理人を選ぶことも決して疎かにできません。

「四川人は辛さを恐れず、湖南人は辛さで恐れさせることができず、貴州人は辛くないことを恐れる」という諺があるように、辛いモノ大好きな地方の出身者が広東省に赴任したらたまったものではありません。また一流の料理人を抱えるのは自分や家族のためだけでなく、ステータスシンボルであり、客を招いて地元と交流を深める武器になることも理由の一つでした。

官府菜というのは官僚の家の料理が評判を得て、世間で有名になったものをいいました。このような料理は中国の官僚社会という特殊な環境の中で生まれた文化でした。

赴任の準備には何かと金がかかりました。前述のように赴任先はクジ引きだったので、どこへ行くのかはわかりません。もし赴任地が北京から離れた場所であれば、赴任だけでも多額の旅費が要りましたが、赴任手当は一切支給されませんでした。なるべくなら節約に努めたかったのですが、かといって、天下の「知県様」が赴任するのです。それなりの身支度で赴任地に臨まなければ威厳が保たれません。「今度の知県は前よりケチくせえ」なんて評判が立てば最初から文字通り〝ケチ〟がついてしまいます。

そうした面子が邪魔して、ついつい出費がかさむことになります。本来裕福な家の出身者でさえ大変なのに、ましてや家や一族にバックがない者にとってその経済的負担は相当なものでした。もちろん準備資金が前もって貯えられていることはまれでした。科挙受験のためすでに多くの金を使い果たしており、いきおいその資金は借金で賄うことになりました。

先行投資をもくろむ例の親族が提供する資金は確かに助かりましたが、それだけではとてもたりません。残りはどこから調達しようかと困っていると、そんな心中を見透かしたかのように宿舎に金貸しが現れます。彼らが持ち掛ける融資を京債といいました。しかし、この京債を軽々しく借りてはいけません。高利で借りた金額が雪だるまのように膨れ上がり、赴任地に着くやいなや、借金取りがそこに現れて、きわめてまずい状況が訪れます。

京債を融資する業者は銀号といいました。新任知県が赴任前に銀号へ行って資金相談すると、

長随

料理人

銀号では平生各地方の財力を調べており、この県の知県ならこれだけの金を貸しても大丈夫との見込みをつけて融資します。ただ銀号では貸し倒れを避けるため、知県が赴任する時に手代のような者を同行させる場合もありました。この者は会計を掌握し、毎年知県の収入から借金を差っ引き、元金および十分の利息を取り終わるまで現地に留まっていたそうです。

これは知県が赴任地で民の膏血を絞りとる一因となりました。しかし、制度の構造上の問題が知県に借金を強要し、銀号はこの制度に乗っかって大儲けしたともいえるのです。

赴任する時の車馬が華美か質素かで知県の懐具合がわかります。それ相当の調度を整えたければ、金持ちなら問題ありませんが、そうでなければ方々借金して見栄を張るため、後から返済に窮します。君子たる者、忠君愛民を心に留めればボロ服を着て駕籠に乗っていったとしても、その節義を示すことができるのです。

ですが、官僚の面子ばかりはどうすることもできませんでした。もっともサラ金の取り立てが仕事場にまで及ぶようでは、さらに面子を失うことになったのですが。

四——着任直前の心得

私の赴任地は山東省の郯城県でした。しかし、この県は私自身が「最も繁劇と称す」というように、長年の租税滞納や郵駅の業務破綻が続いた名うての問題県でした。その結果、民情や風俗は衰え、かつ荒れ果ててしまっていました。おまけに康熙七年（一六六八）年三月に起こった大地震では成人男性一五〇〇人を含む老若男女八七〇〇人がその犠牲になるほどで、影響は大きく、経済復興の見通しがいまなお立っていませんでした。こうした状況を県志は次のように記述しています。

郯城県の租税が明末に比べて常に多くの欠額が生じ、かつ民に滞納があるのはなぜか。この地は明末から三度の破壊殺傷を受け、さらに飢饉や地震の災害を経て、人口が四分の一になってしまった。働き手がいなくなり土地が荒れ果てたためである。もとより痩地のため労働の割には収穫が少なく、租税を納めようとすれば飢寒を救えず、飢寒を救おうとすれば税を納めないことになる。

当時北京にいた知り合いたちはそんな旨みも何もなく、下手をすると処罰を免れないかもしれない場所に赴任する私に対し、

「せっかく任官が決まっても、そんな場所ではなあ。お気の毒に」

と深く同情してくれました。しかし私は諸葛亮《しょかつりょう》が蜀に入る時、乱国を治めるには厳しい法を用いねばならないと述べたことや韓信《かんしん》の背水の陣は死地に活路を求めるものであったことを静かに思い起こし、一人勇躍して任に臨みました。それでも正直なところ、内心では穏やかではありませんでした。ともかく康熙九年(一六七〇)年六月に赴任することになりました。

さて、多くの新任知県は私と同様に準備を整えた上で期待と不安を抱きつつ、いよいよ任地に向けての出発の日を迎えました。しかし、先達の教えに忠実に従った知県であってさえ、赴任地ではなお未知なる試練が待ち構えていました。

私は私自身のその時の体験に照らし合わせて、新任知県が任地に赴き、そこで実際に任務を開始するようになった際の基本的な心構えを次のように語っています。

諺に「新婦は進門に看《み》られ、新官は到任に看らる」(新婦は嫁ぎ先の門をくぐる時、新官は任地に到った時、その人となりが明らかになる)とある。また別の諺には「官の吏を看ること一七なるも、吏の官を看ること三日のみ」(官が吏を見るには一週間かかるが、吏が官を見るには三日とかからない)という。なぜならば、知県の最初の行動を見れば、即座にその後のことがだいたいわかるから

である。

知県の性格には寛と厳があり、その仕事ぶりにも精と怱がある。寛であれば属吏は彼に近づきやすく、そのうち彼を手玉に取るようになる。だが、厳であれば犯しがたく、あえて法を違えようとはしない。精であれば管理は必ず厳しく、属吏は不正ができない。だが、怱であれば手抜かりが多く、弊害を起こしやすい。それゆえ実力を秘めた知県はいつも他人から見

地震

透かされず、喜怒の感情の一端をも漏らすことがない。またよくその任務を遂行する知県は付け入る弱点がない印象を常に他人に与える。そうすれば、奸猾な吏役と地元の豪悪の徒はキッパリ悔い改め、あえて知県を侮ることなく法を犯そうとはしなくなる。

しかし、大切なことは着任の時にすぐこれを示すことである。そしてそれは任務を終え、官を去るまで一貫して守らねばならない。時に応じて適宜処理し、事に応じて適宜処置を施す。かくて知県の居る所みなその厳を憚らず、行く所みなその精を示すことになる。

着任時にやらなければならないのはすべて前例に基づくか、あるいは新たな決まりによるか、そのどちらかであるが、必ず筋の通った分別あるものでなければならない。そうすれば、それが新しく政を行う際の試みであったとしても久しく守るべき良法となる。

総じて赴任地において実際に知県の仕事を始めようとする際、最も大切なのは吏役や「豪悪の徒」と称する在地勢力に付け入る隙を与えないことです。またその方針は着任後も一貫して守らなければならず、新しいやり方は「筋の通った分別あるもの」でなくてはならないのです。しかし、この「最初が肝心」を効果的に実践するのは果たして容易だったのでしょうか。また、それをやるにはどういうことに注意せねばならなかったのでしょうか。

出発に先立ってまずやるべきこととして朝廷の関係部署への挨拶、北京在住の官僚への報告などのほかに上司となることが予定されている人物への赴任通知が挙げられます。すなわち、赴任する数日前には本府および関係官庁に上申書で通知しなければなりません。その通知には着任日の情報のみを書くことになっています。言葉は簡略が大切で、冗長であってはなりません。とくに省府附郭の県、つまり県城が省城や府城と城郭をともにする県では着任後に上司とすぐに顔を

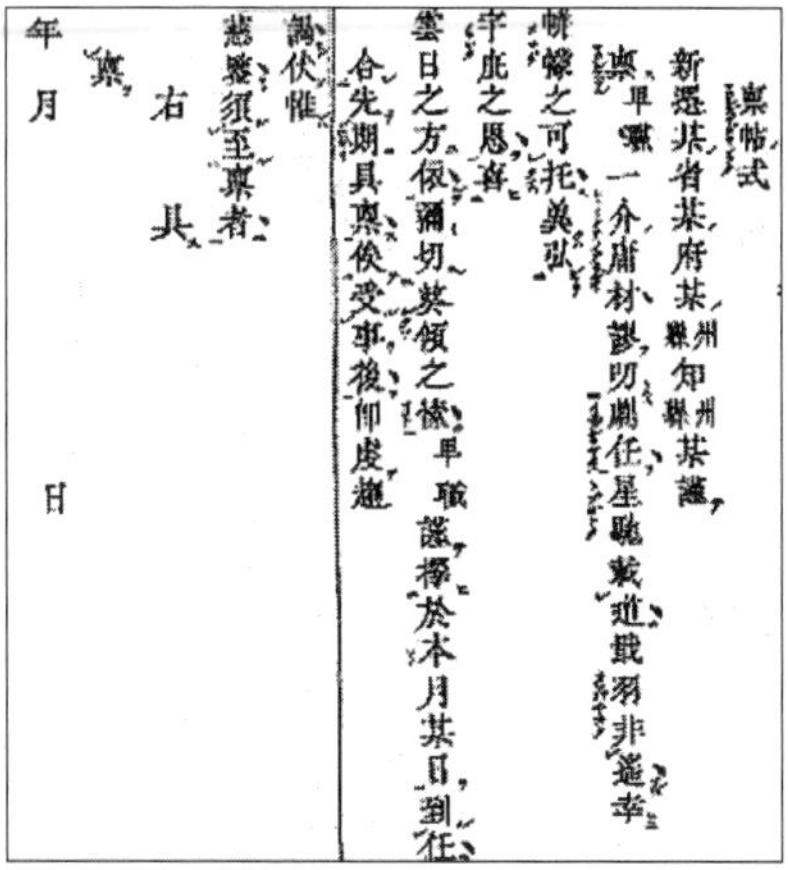
稟帖式

新選某省某府某州縣知州縣某謹

稟 卑職一介庸材謬叨劇任星馳載道戢羽非遙幸

帡幪之可托奚弘

宇庇之恩喜

雲日之方依彌切葵傾之懷卑職謹擇於本月某日到任

合先期具稟伏乞事後仰虔避

謁伏惟

慈鑒須至稟者

右 具

稟

年 月 日

稟帖（赴任通知）サンプル

合わせることになるので事前に通知を出すことを怠ってはならないのです。

その書式として次のようなものをサンプルに挙げておきました。

新選の某省某府某州県の某、州県某を知するに謹んで稟《もう》す。卑職は一介の庸材なるも謬《あやま》りて劇任を叨《かたじけな》くす。星馳《せいち》道に載《おお》い、戢羽《しゅうう》すること遙かに非ず。幸いに帡幪《へいもう》を托すべく、冀《ねがわ》くば宇庇《うひ》の恩を弘めんことを。雲日の方に依るを喜び、弥弥《いよいよ》葵《き》傾《けい》の悰《おもい》を切にす。卑職謹んで本月某日を択《えら》んで任に到る。合《まさ》に期に先んじて具稟す。事を受けた後を俟《ま》ちて即《ただ》ちに虔《つつ》しんで謁に趨かん。伏して慈鑑《じかん》を惟《おも》う。須《すべから》く稟者に至るものなり。右、稟を具す。

早い話、「今度赴任するので、よろしくお願いいたします」という通知なのですが、普通の辞書には載っていない難解な表現を用いて必要以上に慇懃な言辞を盛り込むのがコツでした。「卑職」とは知県が上司に対して用いる過度にへりくだった自称ですが、さらにこれらの字を一段小さくして右に寄せることも忘れてはなりません。自分で「冗長であってはいけない」と言いながら、こんな文章を書くことになります。このような表現を用いることにどんな意味があるのかと思うのですが、出す方は上司を尊重する、受け取る側は尊重されるという一種の暗黙の約束であり、赴任に当たってはとりあえずこうした形式美を省いてはならなかったのです。

五――着任直後の心得

さて新任知県はいよいよ赴任地に足を踏み入れることになります。彼らにとっては最初に緊張を強いられる場面ですが、それはまた県署の職員のみならず地元民にとっても新任知県がどのような人物であるのか、自分の利害に密接に関わる者であればあるほど重大な関心をもって迎える場面でもありました。

新任知県の最初の行動はその利弊の緊急度によって決めねばなりません。その地方が疲弊している場合は救恤を優先します。民風が狡猾・野蛮であれば厳格な法の適用を優先します。士風が軽薄であれば礼教による教化を優先します。吏役が不正を行うようであれば刑罰を科すことを優先します。その上で人心を喜ばせ深く心服させて、廃れた風潮を改めます。そうすれば新任知県が聡明であるという名声は着任の日にたちまち広がります。

しかし、こういった行動は才覚が備わった有能な者でなければ実行できないことを私も十分理解しています。新任知県はこの点を心に留めて緩急寛厳を巧みに使い分け、着任時に状況に応じて厳しい人間であることの一面を示す、これが一番です。ただ、もし心に何かしら迷いがあれば、実行に移す前に心を落ち着けてよく考えた方がよいでしょう。さもなければ剛が求められる時に柔になりすぎ、柔が求められる時に剛になりすぎて非難されることになりかねません。

そのむかし、各地を巡回して監察業務を担った巡按御史は「迎風板」と称して、赴任地に着くとめぼしい者数十人を選んで叩きにかけ、その威厳を示す慣行があったそうです。これは「一罰百戒」といわれる統治テクニックで、一人を罰するだけで一〇〇人もの人間を同時に戒めることができる効率のよい方法でした。官僚にとって見くびられないためにこのようなパフォーマンスは必要だったかもしれませんが、マニュアル通りにやって逆に評判を損ねた者も少なくなかったに違いありません。

さて、赴任地に入ってからの具体的な行動として、いきなり県署に赴くのではなく、その前に城隍廟に行き、物忌みのための宿を取ることが求められました。これを斎宿といいました。城隍廟は県城の中心に置かれ、そこに祀られた神は都市の守り神であり、また冥界の裁判を司る役人と考えられていました。多くは道教の最高神である玉皇上帝から任命されたその土地に縁ある人物が神として祀られました。知県の職務が明だとすると、城隍神の職務は幽です。民のために利を興し、害を除くのが知県の務めです。民のために福を降ろし、禍を鎮めるのが城隍神の務めです。ただし城隍神の霊は知県の祈願によって顕れ、祈りは知県の誠意によって受け入れられます。だから知県は城隍神に敬意を払わなければなりません。そうすれば城隍神はそれに応えてくれるのです。

知県が着任前にその県の城隍廟に泊まり物忌みの儀式を取り計らうことは、地元民に対して不安を取り除き、知県本人にとってもあの世の支配者との接触を得る上で望ましいことでした。

　それが終わると、県署に出向くことになります。定められた時間に朝服に身を包み、県署の大門に到着する。輿を降りて大門を抜け、第二の門である儀門の脇の土地廟に参拝、儀門をくぐり中庭に入り、大堂の公座に就いて、居並ぶ属僚、吏役、紳士等の県署で待ち受ける人々から挨

城隍廟

城隍神

拶を受ける。これにて最初の着任の儀式が無事終了しました。

新任知県が最初にやらねばならないのは堂規という新たに設定した職員規定を発行し、職員たちをそれに従わせること、さらに須知というその県の業務内容をまとめた記録帖を閲覧し、これまでの県政状況のあらましを把握することでした。

私は、堂規とは公堂で政務に臨み、各房科の吏役が日々勤務することについて規定を定めるものであるとして、

本県は新たにこの地に赴任したが、痩せ衰えた民を養育し、悪弊を改め除くことを務めとしている。悪弊の源を絶たんとすれば、それは必ず近場から始めねばならない。すべての事柄については別途通達するが、一切の堂規をまず汝ら各役に知らしめるので、みな謹んで守り、軽々に法に触れぬようせよ。

の書き出しから始まり、

本県は諸事すべて自分で決裁し、左右の手を借りない。もし吏役で理由なく勝手に宅門（内衙の門）に近づき、名を騙って民をたぶらかす者がいれば、ただちに厳しく懲らしめる。宅門の人役で任務を怠った者は併せて処分する。

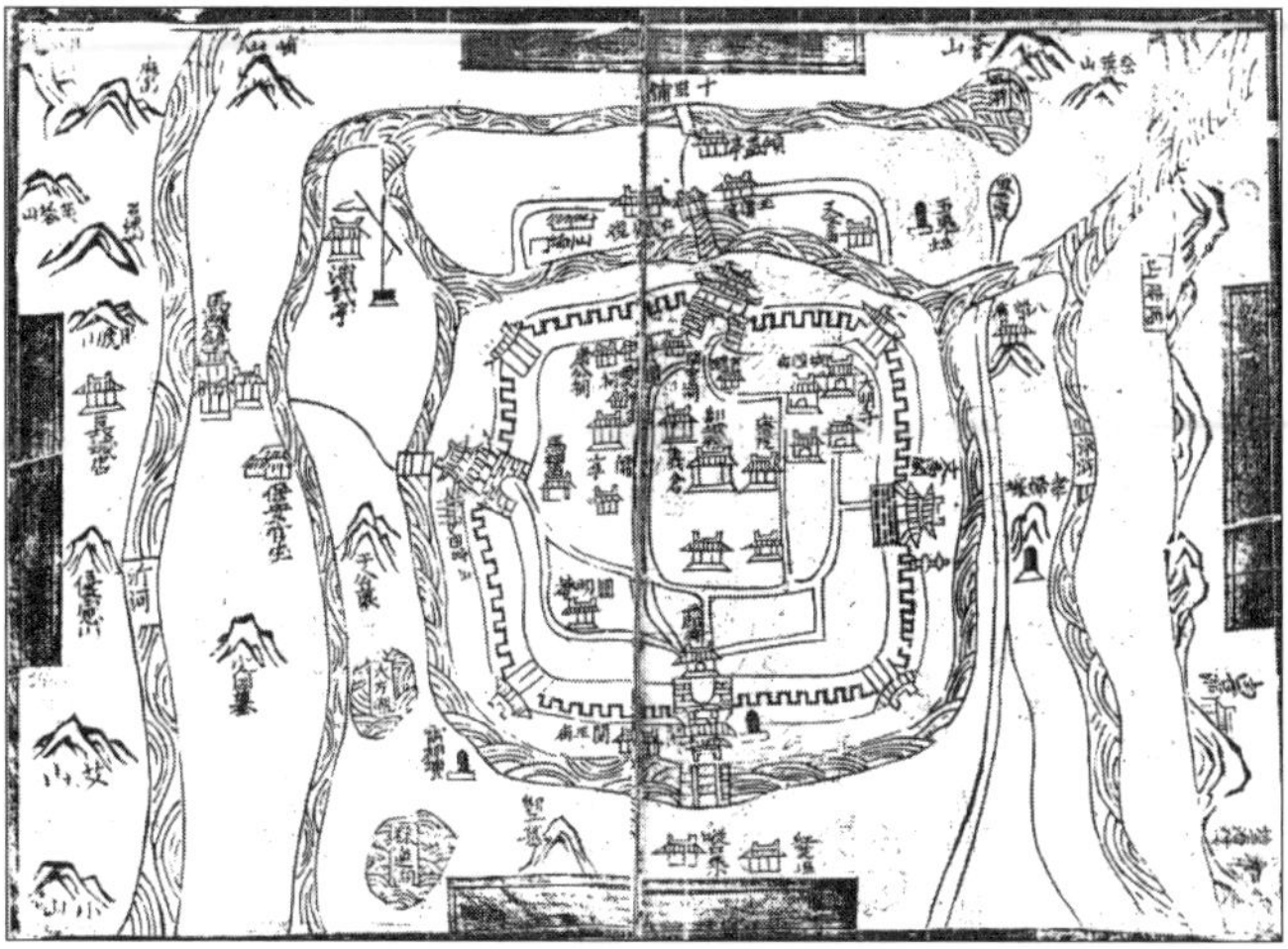

郯城県図

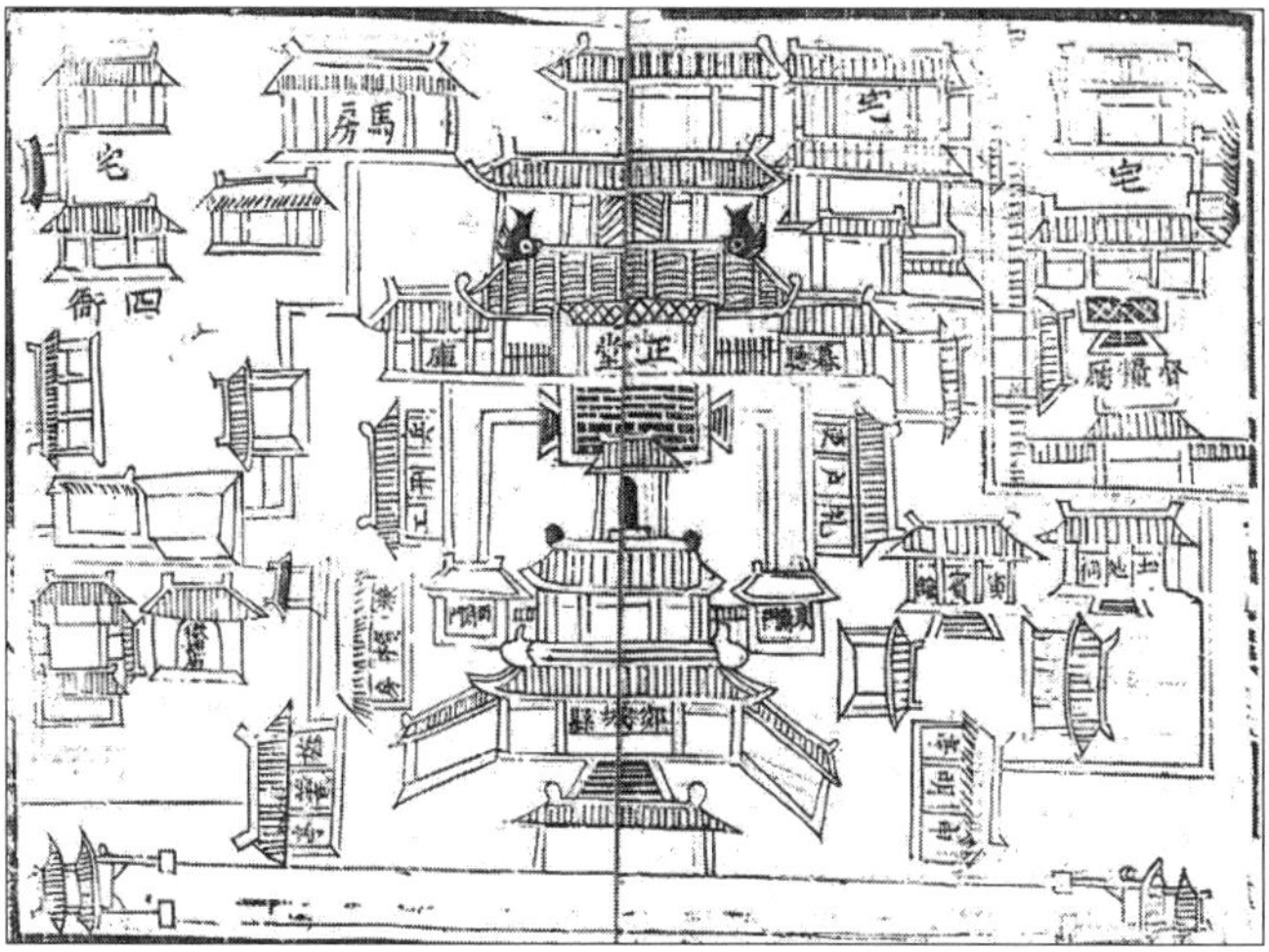

郯城県県署図

など、一五条からなるサンプルを『福恵全書』に掲げておきました。

また、須知とは一州県の政務大綱の諸項目がつぶさに載っており、一覧すればその概要がわかるものであり、新任知県はさらにこれを改め、みずからの意向に基づいた細かな業務内容を新たに指示しました。

吏役や県民に対する県の基本方針は告示を掲示することから始まりました。新任知県の行動はすべての県民が観望するものであり、その大旨は多く告示によってわかりました。これは県城から遠い場所の住民が新しい知県に直接会えなくてもその方針を理解させるためのものです。告示は役所で執務する者たちが遵守する内容を知らせるだけではありません。だから一切の方針内容は最初に定めることが重要になります。初めにやり方を定め、タイミングを見て仕事を割り振れば、事を処理するのに余裕が持てます。諭告は簡明で要を得たものにし、凝った文でてらってはいけません。婦女子にもなるべくわかるものにするに越したことがありません。

知県が最初に出す告示は、いわば新任者の所信表明ともいうべきものであったため、「最初が肝心」という意味からも重要なものでした。そのサンプルとして、頭門告示(大門の役人に対する告示)、二門告示(儀門の役人に対する告示)、宅門告示(内衙の宅門の役人に対する告示)、賓館告示(招待所の服務員に対する告示)、関防告示と五つをそれぞれ細かく分けて掲載しました。このうち前の四者は県署のそれぞれの担当部署の役人に宛てたものですが、最後の「関防」とは「取り締まり」の意味で、一般住民など不特定の者に与えた警告のような性格を持つものでした。私はその関防告示を次のように書くよう奨めています。

本県の家は代々学問に携わり、慎み深く振る舞うようにとの家訓があり、これまで親族の子弟を外に遊ばせたことはない。本県がこの地に赴任したからには、本来性格は廉直剛直であって、わずかな情実も容れず、苦節を守る志を立て、一銭の賄賂も求めない。このことは旧知の者がみなよく知っている。したがって何人《なんぴと》も見舞いや寄付行為に来てはならない。無頼の輩が本県の親戚や友人を騙って県内に潜入し、公然とたぶらかしを働くことがある。郷愚がその術中にはまる恐れがあるため、暁諭の上、厳しい対応を取らねばならない。以上のことを全県民に申し付けて周知させる。もし前項のような無頼の輩がおれば、ただちに通報を許し、逮捕に供する。彼らを寺観や旅館で留め置き、村役が知っていながら検挙しない場合には、調べ出して同様に容赦なく処罰する。右、詐害を防止することまで。

こうした告示はほかの官僚たちの記録にも見られるので、新任知県が着任時に出すのが慣例になっていたのでしょう。これらは何枚かの写しが取られて、官署のほかに市鎮のような人の集まる場所にも貼られました。新任知県の意向を一般民衆にまで周知させるのが狙いだったと見られます。

私はこの告示を書くに当たっては「婦女子にもみなわかるものにせよ」と言っていますが、それでも威厳を保つために、結構硬い文語の形式にしました。一般民衆に伝える告示の場合、誰にでも読めることを配慮して白話を取り入れる官僚もごく少数いたようですが、それでは迫力に欠けるため、たいていは文語のままでした。字の読めない者は誰かに読んでもらえればよいと考えたのでしょう。

告示を読まされる、あるいは聞かされる民衆は、皮肉っぽく言えば、それを文字通り受け取ってよいかは迷うところだったようです。「わずかな情実も容れず、苦節を守る志を立て、一銭の賄賂も求めない」なんて聞けば聞くほど、お笑い芸人の熱湯風呂ギャグのように「絶対に押すな」とは反対の意味だと受け取る者もあるいはいたかもしれません。

また、新任知県がみな『福恵全書』を座右の書とし、そこに示されたサンプルの文章を「文章の書き方」よろしく実際においてもそのまま模倣したとすれば、その陳腐な文面に接し、同じような決まり文句を読まされる吏役や住民はそれを新味のない〝いつものこと〟としか受け取らなかったに違いありません。

それでも新任知県は一挙手一投足においてそれを墨守しなければ、「最初が肝心」を示したことにはなりません。新任知県にまず求められたのはいわゆる「形式の美学」ともいうべきものだったのです。

しかし、私は、着任早々の知県にとって衆人環視の中で取るべき行動や形式についての情報もさることながら、今後の知県業務を円滑に果たすためにその土地における人間関係を良好にすることの必要性をとりわけ重視しました。そのため『福恵全書』ではみずからの直接の体験に具体的に触れながら新任知県を取り巻く人間たちへの対応に少なからず言及したのです。

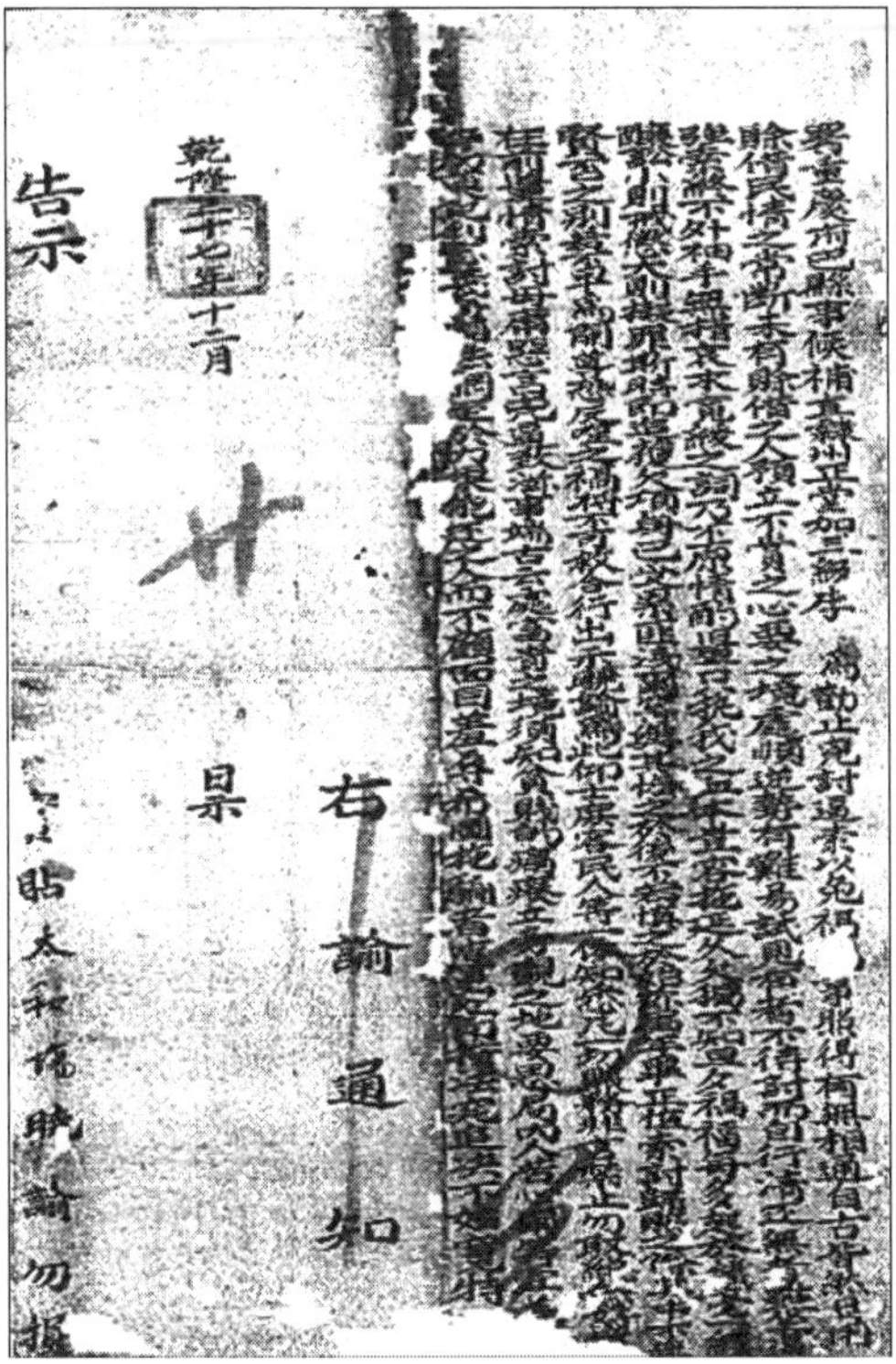
右諭通知
乾隆二十七年十二月
県
告示

告示

第三章

知県という職業

専横知県
蘇州府属県の某大令、
横徴暴斂にして往往催科に刻なり。

一――知県の立つ所

ここではまず県の役所である県署という場所について簡単に説明しておきましょう。県の起源ははるか春秋戦国時代にさかのぼります。秦は紀元前二二一年、統一した領土を三六郡に分け、郡をもって県を統轄する郡県制を施行しました。県の旧字は「縣」であり、右の「系」(ひも)でぶら下がること、全体として中央政府に直接隷属することを意味しました。

以後歴代王朝は基本的にこの行政区画を踏襲し、清はだいたい明の旧制を受け継ぎました。全国は一八の省に分かれ、省はいくつかの道に分かれ、道はさらにいくつかの府に分かれ、府はまたいくつかの最末端単位としての州と県に分かれました。十八世紀には州県のほかに庁が新しく設けられましたが、最末端の行政区としてはその大部分が県であり、全国に一二〇〇以上ありました。

中国の県は現代日本の感覚では「市」に近いものでしたが、役所の置かれた場所は県城と呼ばれる城壁で囲まれた街の中心にあり、城壁の外の農村地帯とは明確に区別されていました。

清代の地方官僚としての最高権力は「督撫」と並び称される総督(正二品)と巡撫(従二品)にありました。総督は一省ないし二、三省ごとに一人置かれ、管轄地域の民政と軍政および司法を総覧しました。他方、巡撫は省ごとに一人置かれました。職務内容は総督と同じで、総督が同じ地域を統治する場合は主として民政を受け持ち、単独で置かれる場合では民政と軍政をともに掌握しました。これらは明代初期臨時に設けられた役職でしたが、中期以降常設になりました。また清代に至って一省一巡撫が確立しました。総督と巡撫は品級や統治範囲に差はあったものの、その

縣

総督署

間に上下関係はありませんでした。

各省内の民政と司法の責任を直接負ったのは「布按」と並び称される布政使（従二品）と按察使（正三品）でした。布政使は各省に置かれた長官の一人で、督撫の監督下に省の民政・財政の一切を担当しました。按察使は各省に置かれたもう一人の長官で、督撫の監督下に省の司法の一切を担当しました。

道台（正四品）は省内の地域を分け、または業務を分けて布按を補佐しました。特別業務を除き、民政を担当する分守・分巡の二人の道台は省内の数府を管轄地域としました。

知府（従四品）は府内の一切の政務を統轄し、下級官庁である州県を指揮監督しました。知府の主たる職掌はむしろ後者にありました。

最末端単位の行政区の州と県の長官はそれぞれ知州（従五品）、知県（正七品）といい、まとめて州県官といいました。州は県よりも少し大きい地域でしたが、それぞれの長官に上下関係はなく、ともに知府に服属するものでした。「知」とは「治める」の意味で「知事」と同じです。

知県の名称の由来は古く、かつて県ごとに一人置かれた長官を秦以来「県令」といいましたが、唐末五代に軍閥に実権を奪われたため、宋は中央官を派遣して県治を掌握、「知県事」または「知県」と称し、明清では県の長官を「知県」の名称で統一することになりました。

以上の地方行政区とその長官の配置をごく簡単にまとめると、図のようになります。

督撫以下知県に至るまで各自の官署があり、自己の名の下に職務を執行する地方官僚を「政府から任命の印を受けた正式の官」という意味で、正印官と称しました。それに対し布・按両使から州県までの部署には事務を分掌する多数の助理官や雑職官がおり、そうした属僚は補佐官の意味で佐貳《さじ》官ないし佐雑官と称しました。

県では正印官である知県の下に佐貳官として県丞(正八品)と主簿(正九品)が置かれました。県によって両者のうちいずれか一つの場合が多く、またその官署は時には県城の外に置かれることもありました。また典吏(未入流・九品未満)と称し、一群の吏役を統轄する者がいました。加えて雑職官として、県城から遠隔地の要地に駐在して捕盗などの治安維持をはかる巡検(従九品)や郵駅業務に携わる駅丞(未入流)などがいました。ちなみに私が赴任した郯城県では、主簿は明代の嘉靖年間(一五二二～一五六六)に廃止されており、県丞署は城内に置かれていました。

清初の地方行政機構概略図

上級		中級	下級	
	省	道	府	州／県
〔総督〕	〔布政使〕	〔道台〕	〔知府〕	〔知州〕
〔巡撫〕	〔按察使〕			〔知県〕

県署の構成員には以上のような公的に品級が与えられた「官」のほかに胥吏《しょり》・衙役《がえき》、まとめて吏《り》役《えき》と呼ばれる職員がいて、彼らは政府から任命を受けていないという意味で非公式な存在でしたが、県政の円滑な運営において固有の役割を担いました。

胥吏は文書の起草、令状の発行、徴税記録の作成、文書の保管などの頭脳労働業務を担い、地元出身者がなるのが一般的でした。県ごとに数十名程度の定員が決められていましたが、実際には少なくとも一〇〇名から一〇〇〇名ほどになりました。任期は五年と定められており、なかにはその後科挙を受けて官僚になる者もたまにいましたが、大多数は名義を変えてそのまま居座りました。俸給がないのが不思議ですが、業務上得られる慣例化した制度外の手数料や付け届けという不正規収入によってかなり豊かな生活ができました。

衙役は主に県署の肉体労働業務を担いました。それらは仕事内容に応じて皁《そう》(署内一般雑務)、壮(治安防衛)、快(罪人の捕縛)の三班に大きく分かれ、これも地元の人間がなるのが一般的でした。任期は三年との規定は一応ありましたが、胥吏同様に名義を変えて居続けました。胥吏よりも数で勝り、多い所では一五〇〇人もいる例があったようです。

郯城県においては知県署、県丞署、典吏署の各官署の門番である門子四名、刑吏の皁隷《そうれい》二四名、馬番の馬夫二名、捕方の馬快八名、民兵である民壮五〇名、照明係の打夫四名、看守の禁卒八名、駕籠担ぎ等の轎傘扇夫七名、倉庫番の庫子四名と斗級四名、清掃係の斎夫三名、調理係の膳夫二名、通信を担う舗司兵二一名の合計一四一名がいたことが記録されています。衙役は胥吏と違って給料が年俸として一人六両前後公費から支給されましたが、門子には知県に面会を求める来客から門包と呼ばれた付け届けが必ずあり、不正規収入も潤沢でした。

知県は督撫、布按、道台、知府の監督の下で地方行政機構の最末端に位置し、県にあっては唯一の正式な官僚として県丞以下吏役に至る頂点に立って彼らの監督任務を担っていました。

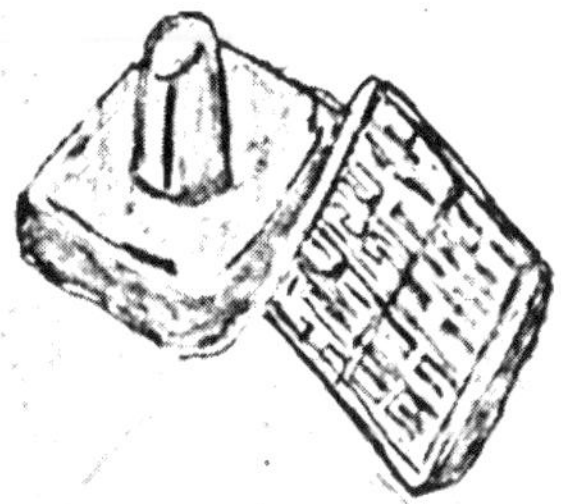
官印

知県を取り巻く胥吏

衙役

ちなみに康熙九年（一六七〇）当時、のちに郯城県・費県《ひけん》の二県を統轄した沂州《きしゅう》は兗州府《えんしゅう》に属していました。また、山東は康熙八年（一六六九）七月から直隷（現在の河北省）、河南とともに巡撫だけを単独で置く省になったため、郯城県の知県は、上から山東巡撫、山東布政使・按察使、東兗道道台、兗州府知府の監督下に置かれていたことになります。

二——知県の居る所

私が知県として勤務した県署とはどんな場所だったのでしょうか。よい機会なので私自身が実際の官署の建物をみなさんに紹介しましょう。もっとも私が勤務した郯城県署は現在なくなってしまっていますので、代わりに浙江省慈谿《じけい》県に復元された県署の建物を使って案内いたします。

慈谿県は寧波《ねいは》府属六県のうちの一つで、その官署はアヘン戦争や太平天国による破壊ののち、光緒元年（一八七五）に再建されました。現在の建物はその図面に基づいて南京大学建築規画設計院により新しく建て直されたものであり、基本的に清代の県署の一般形態を維持しています。

清朝のおおもとが決めた地方官署の規定によれば、

各省の文武の官はみな官署を設けている。その制度において政を行う場所を大堂、二堂といい、外を大門、儀門という。安息所を内室といい、羣室という。吏役の執務所を科房という。大きい所では規模形態が整っているが、小さい所ではその程度によっている。

とあります。そのためか、清代の地方官署はその規模の大小を別にすれば、時代と地域が異なってもだいたい似たようなものであり、郯城県署もこれをもとにして説明できます。

中国古代の都市建設は『周礼《しゅらい》』の設計思想に基づいて配置されており、同時に風水、すなわち方角等で吉凶を判断する観念の影響をも受けています。県署もまた通常城市の中央の気が集まる

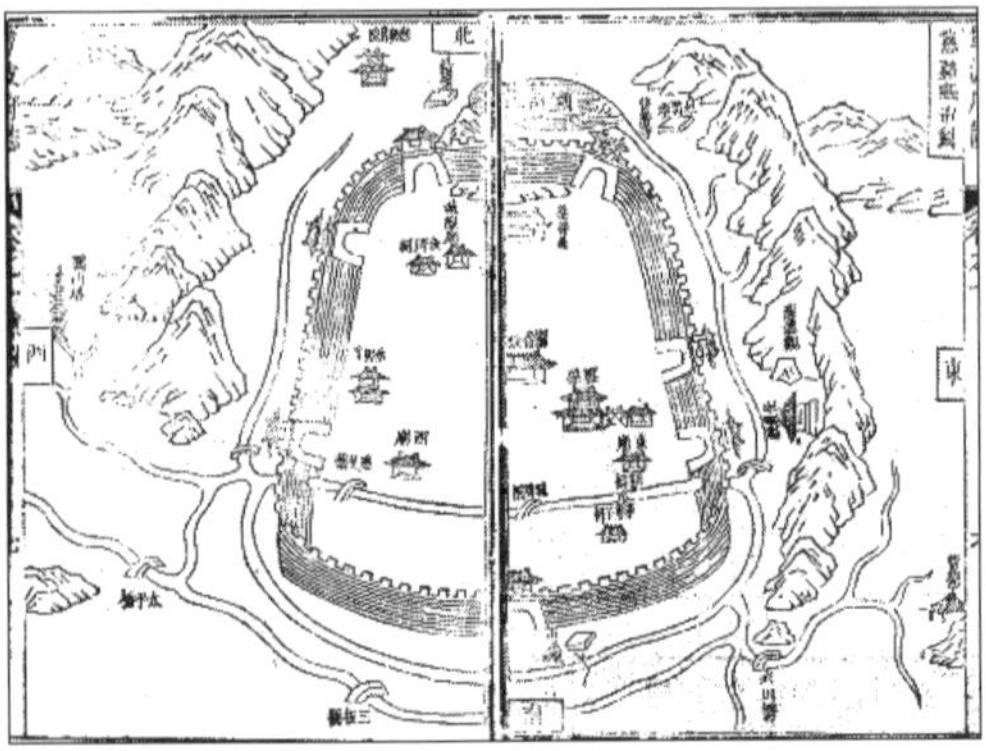

慈谿県県城図

大門

儀門

大堂

れています。

「正穴」に位置し、為政者は中央にいて南に向かって統治する発想から、建物は南北線上に建てられています。

まず建物の正面から入りましょう。ここは大門と呼ばれる県署の入口です。往時この前には門番がいて誰も勝手に入ることは許されませんでした。大門の前には照壁という大きな壁があります。外からの視線を避けるため、あるいは風水のために設けられたといわれています。

大門に入るともう一つの門、儀門があります。平時は閉鎖されており、知県の赴任や上級官僚の送迎の際に開く門です。普段は東角門（生門）より出入りします。西角門は処刑される罪人の出口であり、死門ともいいました。出入口を間違えると大事になってしまいます。儀門の右側には土地祠、左側には財神祠があります。

儀門をくぐると中庭広場に出ます。正面には親民堂という額を掲げた大きな建物が見えます。これは知県が布告や裁判など、公式行事を行う南面した中心的な建物で一般的には大堂もしくは正堂といいました。その両側には「執法如山」とか「克己奉公」などと書いた扁額が掲げられ、こけおどしのような武器の模型が並んでいます。

広場の左右には六房科という専門に分かれた部局が並んでいます。東は戸房、銭科、糧科からなり、戸房は人戸と土地の管理、銭・糧の両科は税銀・税糧の収納課です。西は吏房、礼房、兵房、刑房、工房、承発房からなっています。吏房は職員の人事を、礼房は儀典と教育、県試などを、兵房は軍務を、刑房は法律・刑罰の業務を、工房は土木建設と水利工事等をそれぞれ司る

東六房

西六房

宅門

二堂

部局です。承発房はいわば総務に当たります。慈谿県署はやや変則ですが、一般的には東に吏、戸、礼の三部局、西に兵、刑、工の三部局が配置されており、郯城県署もこれに従っています。

大堂の奥に宅門があり、これより内衙に入ります。川堂という廊下に当たる場所を通ると二堂に着きます。ここは知県が民事案件を処理する場所であり、その東廂房は知県の生活空間や賓客の応接に当たる所、西廂房は書斎や日常執務室として機能しました。慈谿県署には知県家族の生活空間である三堂はなく、その代わり清清堂と呼ばれる建物がありました。北宋の知県でその廉直ぶりが民から讃えられた張顒《ちょうえい》を記念して造られたものです。知県署の東西にそれぞれ県丞署と典吏署が設けられているのも一定の特色を出しています。

ところで、近代の哲学者馮友蘭《ふうゆうらん》は北京の紫禁城の天安門と午門の間の東西には吏、戸、礼、兵、刑、工の六部が配置されており、これらは県署の大堂の前の東西両側に置かれた六房に相当し、太和殿は大堂に、中和殿は二堂に、保和殿は三堂にそれぞれ相当すると言っています。これに従えば、県署とは紫禁城を模し、それを縮小して造られた小皇宮であり、その主宰者である知県とはまさしく紫禁城の主宰者である皇帝に代わって王朝支配を執行する小皇帝ということになります。

建物一つをとっても王朝国家の人民支配のあり方が徹底して貫かれており、全国一二〇〇を下らない数の県では同じような建物の中に同じような意思を持った官僚が同じように人民を統治したのだといえます。

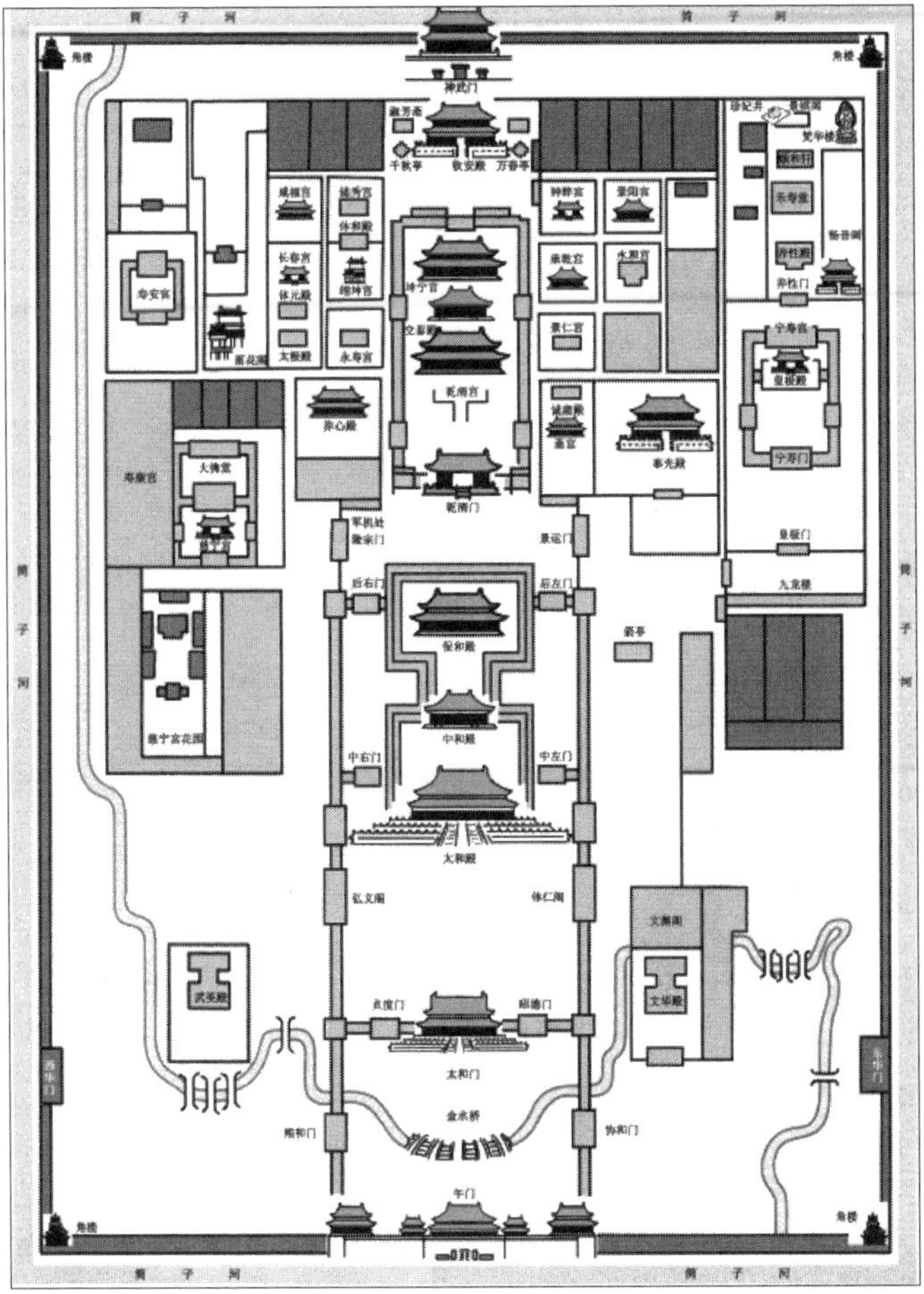
筒子河
神武门
千秋亭
钦安殿
万春亭
咸福宫
储秀宫
体和殿
长春宫
体元殿
翊坤宫
太极殿
永寿宫
钟粹宫
景阳宫
承乾宫
永和宫
景仁宫
寿安宫
坤宁宫
交泰殿
乾清宫
养心殿
乾清门
奉先殿
宁寿宫
皇极殿
宁寿门
寿康宫
大佛堂
慈宁宫
军机处
隆宗门
景运门
皇极门
九龙壁
后右门
后左门
保和殿
箭亭
慈宁宫花园
中和殿
中右门
中左门
太和殿
弘义阁
体仁阁
文渊阁
武英殿
文华殿
贞度门
昭德门
太和门
金水桥
熙和门
协和门
午门
角楼
西华门
东华门

紫禁城図

紫禁城外朝三殿

以上で県署ガイドはおしまいです。当時の知県がどんなところで政治をやっていたのか、具体的に理解していただけたと思うのですが、いかがだったでしょうか。このような建物の主となった官僚は着任早々にして知県というポストの重みを味わうことになりました。

三――知県の理想型

朝廷は知県を皇帝の代理と見なし、その使命を帯びた知県に対して儒教に則った原則的な規範を求めました。とりわけ宋代に新儒教が誕生し、科挙制度の改革の下に士大夫官僚が創出されると、彼らにはその規範の遵守が命じられるようになりました。

三綱五常は儒教による人間としての基本道徳であるとともに、官僚が政治を行うための基本姿勢を説くものでした。三綱とは「君は臣の綱たり。父は子の綱たり。夫は婦の綱たり」といい、君臣・父子・夫婦の二つの人間関係のあり方をいいます。五常とは人の守るべき五つの態度のことで、具体的には仁・義・礼・智・信を指しました。これらの価値観は知識人が子供のころから散々植え付けられてきたものでしたが、官僚になると改めてこれを守るよう教え込まれました。たとえば、新任知県が県署に入る際、拍子木が打ち鳴らされました。それは皇帝が上にいることを絶えず心に留め、臣下としての行動を必ずこの三綱五常に照らして行うように啓発するものでした。

次に、「その身正しければ、令せずとも行わる。その身を正すこと能《あた》わずんば、人を正すを如何《いかん》せん」と孔子が言うように、みずからが守る清・慎・勤の三字に象徴される行動の推奨がありました。清とは潔白に身を保つこと、慎とはみずからを慎むこと、勤とは職務に勉励であることを指しました。いずれも官僚としての守るべき道徳であり、県署によってはこの三字を記した額が民衆の目に入る場所にこれ見よがしに掲げられていました。三者のいずれをより重んじるかは人によってそれぞれでしたが、私はとりわけ慎が大切だと思います。

さらに県署の広場には大堂と向かい合った戒石亭という小さな碑がありますが、その中央には正面に「公生明」、裏面には「爾《なんじ》の俸、爾の禄は民の脂、民の膏なり。下民は虐《しいた》げ易きも、上天は欺き難し」との銘が入っており、これもまた官僚の戒めを説いたものでした。これは五代の時に作られた文章をもとに宋の皇帝が石に刻ませたもので、官僚に朝な夕なこの石を見てその身を戒めさせたそうです。

知県は地方を直接統治することから「地方官」とも呼ばれました。また、直接民に接し、民を親愛すべき官僚であったため、民に親しむ官という意味の「親民の官」とも称されました。さらに民を養い治める官という意味で「牧民の官」とも呼ばれました。知府以下の官僚を監督する道台以上の官僚が「治官の官」であるのに対して、これは「治民の官」であり、その中には知府も含まれましたが、実質的には州県の長官を指しました。

雍正帝は信任する官僚田文鏡《でんぶんきょう》に命じて雍正八年（一七三〇）に作成させ、全国に頒布した官箴書『欽頒州県事宜《きんはんしゅうけんじぎ》』に次のような上諭を載せています。

地方官は親民の官である。一人の地方官の賢否は万民の禍福に関わる。それゆえ以前からその人選には慎重を期してきたが、広く人材を求め、彼らが善政を行い、我が人民に恵みを与えることを期待するのも苦心するところである。

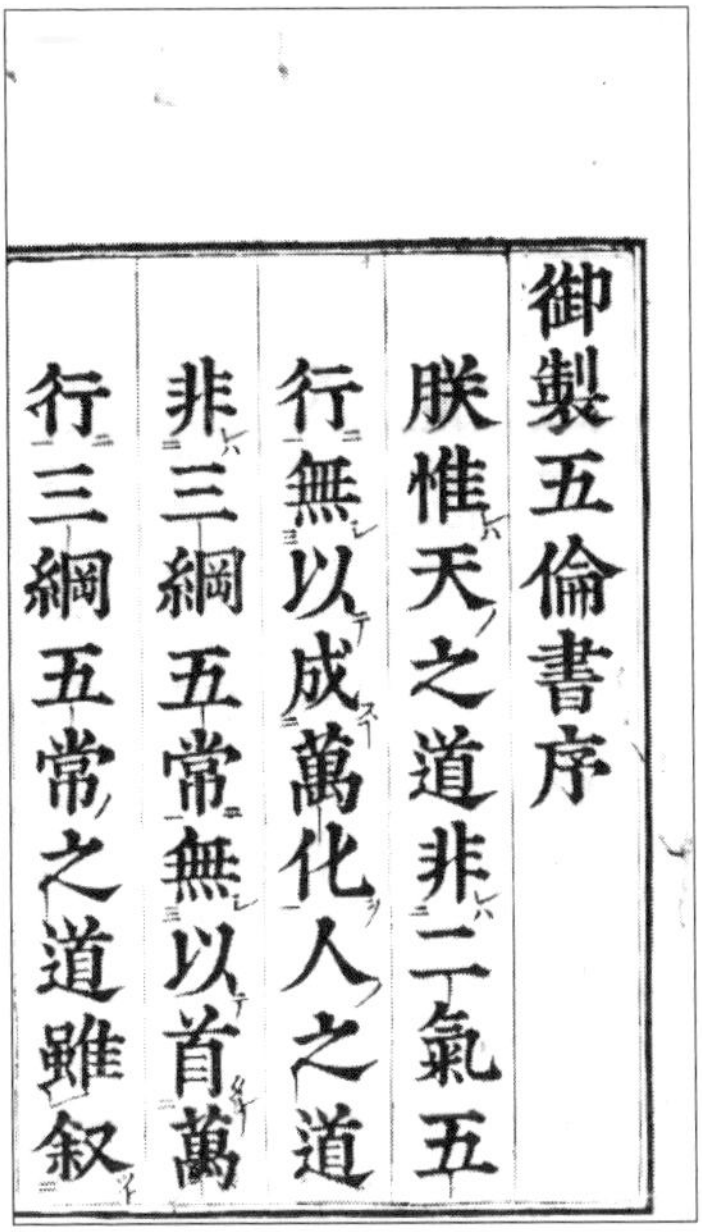

御製五倫書序
朕惟天之道非二氣五
行無以成萬化人之道
非三綱五常無以首萬
行三綱五常之道雖叙

三綱五常

戒石亭

雍正帝は、地方官の資質は人民の禍福に大きな影響を与えるものであるが、官途に就いたばかりの経験の浅い者がその任務を遂行することは容易ではないと考え、皇帝の代役を果たす者たちにはそれなりの指針が必要との認識がありました。

このように知県は人民の禍福、ひいては国家の安否に大きく関わる点がしばしば強調されましたが、あるいはまた同時に「父母の官」とも称されました。「父母」とは、文字通り両親の意味です。これは『大学』の「民の好む所は、之れを好み、民の悪《にく》む所は、之れを悪む。此れをこれ、民の父母と謂う」という一節に由来する表現で、民に対して我が子のような気持ちで接することを求めたことからそういう呼び方がされました。つまり民を「赤子《せきし》」と認めた皇帝こそがまさしく「民の父母」でした。知県はその皇帝に代わって王朝国家の人民を支配する代官であったればこそ、彼らもまた「民の父母」でなければなりませんでした。「父母の官」とは、州県の現場にあって皇帝の支配を体現することを期待された名称だったのです。

そのためか、官僚の指針を示した先達の多くは知県に対しその点を大いに強調しています。いくつか具体的に見てみましょう。

康熙年間で清廉随一の官と謳われた于成龍《うせいりょう》は「親民の官に示す自省六戒」の一つとして知県が「民の父母」である意味を次のように説いています。すなわち、まず州県官を父母と称し、民を子と呼ぶのは、古人が政治を子育て(保赤)にたとえたからだと判断し、そもそも保赤がすべて至誠より発するものであるからには、保民もまたすべてが真心から生み出されるものであり、民の飢寒を思いやり、その教化に務めるべきだと言うのです。だから州県官がたとい実力が伴わず制約を受けたとしても、この心が自然に備わっていることをほんのわずかでも理解すれば、彼らに統治された民は福を受けることになるという理屈なのです。

また十八世紀に知県を歴任した袁守定《えんしゅてい》は、州県官は父母であり、治める民は自分の子であるとして、知県と民との間の親近ぶりを強調しています。

雍正帝

田文鏡

このように知県が「父母の官」であろうとすれば、実際の父母が子供に愛情を注ぐがごとく、赴任地の民に対して無上無窮の慈悲で治政に臨むことを必要としました。

最後に、十八世紀末の知県で、その豊富な幕友経験を活かして行政手腕を発揮した汪輝祖《おうきそ》に登場してもらいましょう。彼の「父母の官」についての認識は次のようなものです。

私が佐治《さじ》(政治の補佐)、つまり幕友の仕事を語る場合でも誠意を尽くすことをもって基本とするのだから、ましてやみずからが直接統治を行うのであれば、その必要はなおさらである。誠意を尽くさなければ統治などあり得ない。

しかし、それは佐治に比べていっそう難しい。佐治の場合は、その場その場で物事を論じるのであり、処理すべき事案に対して誠意を尽くせばよく、それ以上の義務がない。他方、統治をみずから行う州県官は一県一州の事柄をあまねく知っていなければならない。少しでも未知のことがあれば、誠意を尽くそうにも、民はその統治を受け入れることができない。州県官を父母の官という。州県官は民に対し、父母がその子女を気をかけるのと同じようでなければ、それがいかに行き届こうとも、民はついに御上に叛き、信義に背くことになる。

このように州県統治の経験者たちは知県による民への接し方を親子の関係にたとえてこまごま説いており、それは多くの官箴書が主張する主題になっています。任官を待つ若い知県候補者たちがこのような先達が遺した忠告に政治の指針を求めるかぎり、それが何らかの影響を及ぼしたことは事実でしょう。また、これに感化された者の中には、「民の父母」たることを目標にし、それを真摯に実践しようとした者がいたことも確かです。しかし、こうした規範は当時でさえ実際の職務に当たる官僚たちにとっては建前上の要求にすぎなかったのも否定できません。

于成龍

汪輝祖

私自身『福恵全書』の中ではこのような知県の規範についてあまり詳しく触れていません。何かこう気恥ずかしいというか、知県となって本気で自分のことを「民の父母」と信じていた者がどれだけいたか、ちょっと自信がなかったからです。

「爱」は簡体字で「爱」と書くそうですが、まんなかに「心」の字がなくなったことは現代中国で親の子に対する愛情が薄くなったことを象徴していると言う人がいます。しかし、かつて「愛」の字の中に「心」があった時代であっても、官僚たちの民に対する「愛」に果たして「心」があったでしょうか。

知県の実際のあり方を冷笑する世間では、先の戒石亭の銘文をもじって「爾の俸、爾の禄は只だ是れ足らず。民の膏、民の脂は転《うた》た吃《く》い転《うた》た肥ゆ。下民の虐げ易きは便ち著なるも上天の欺き難きこと、他《かれ》又た怎《なん》ぞ知らん」、つまり「汝の俸禄はたりないので民の膏脂を喰ってますます肥る。民を虐げるのがたやすいことは明らかだが、彼らは上天の欺きがたいことをどうして知るものか」と揶揄《やゆ》し、また、「愛民如子」は「民を愛すること子のごとし。金子銀子は、皆吾が子なり」と皮肉たっぷりに語っています。私が地方官の規範について強調せず、実際に役に立つ忠告だけに焦点を絞ったのもこの背景がありました。

四――知県の業務

『清史稿』という歴史書には「知県は一県の政治を掌り、裁判を行い、罪を処断し、農業を勧めて貧民を救い、悪人を懲らしめて養育や教育を行う。試験、法令の伝達、養老、祭祀など、ありとあらゆるものをまとめて行わないものはない」とあり、知県の業務のあらましを簡潔に説明しています。要するに知県は県の最高責任者であるため、県で発生するすべての問題に責任を負っていることを意味しています。

その中で最も重要なのは、銭穀・刑名といわれる二大業務でした。銭穀とはつまり徴税を中心とする財務行政、刑名とは裁判を中心に紛争を解決し治安を維持する司法行政のことであり、ともに王朝国家の地域に対する主要関心事でした。

まずは徴税業務からお話ししましょう。中国歴代の王朝国家が人民から徴収した資源は大きく分けて税と役の二つでした。税はいわゆる租税のことで、もともとノギヘンがついていることからわかるように基本的には土地から生まれる米や麦などの穀物の徴収を意味しました。一方、役はいわゆる力役のことで、戦争や公共事業に供する生身の労働力を意味しました。明代後期になるとこれらの現物の徴収が次第に銀に代替され、多様であった税役項目も簡素化する傾向を強め、清初では土地税に由来する地銀と人頭税に由来する丁銀の二本立てになっていました。これらもまた十八世紀になると丁銀は地銀に併合され、土地のみを基準にする地丁銀としてまとめて徴収されることになりますが、私の時代はまだそこまで至っていませんでした。

徴税には明代では里甲制という村落組織が編成され、村の長である里長がほかの農民の分まで一括して納税することになっていました。しかし、この制度も里長の負担が次第に重くなってくるにつれて改変されるようになりました。新たな制度は納税期になると県は個々の民に税額を記した通知書である易知由単《いちゆたん》を配り、通知を受けた民は期限までに県城に設置してある箱に税銀を投入するもので、知県はこれを直接受領する責任を負っていました。三連串票は納税を証明する三枚つづりのレシートで、一枚は官署の保管用として、一枚は納税者の納入証明として、一枚は収税役人の控えとして、それぞれ機能しました。

県は個々に納入された税をまとめて布政使の官署に上納しました。ただ税の一部は県に留めて、職員の俸給、差役の食糧、駅站の維持、祭祀、生員の奨学金、救恤などの経費に充てることが認められていました。

布政使の官署では送られてきた税をもとに帳簿を作成し、点検することになっており、最終的には督撫が中央の戸部に決算報告書を送付することで一連の業務が終わりました。

まあ、これが順調にいけば苦労はないのですが、徴税には何かと問題が生じ、予定された額が集められないことも往々にしてありました。民は租税を決められた期限内に全納することを義務づけられていましたが、種々の事情によりなかなかそれを果たすことができません。多くは地域が貧困で税を捻出するのが困難なためです。とりわけ旱魃や洪水などの自然災害で飢饉が生じた時は、まったく納めることができない事態に陥りました。さらにはこの状況を逆に悪用し、意図的に納期を遅らせる者や納税そのものを果たそうとしない者も少なくありませんでした。

これに対して知県は硬軟両方の措置を講じて租税の確保をはからねばなりません。もちろん

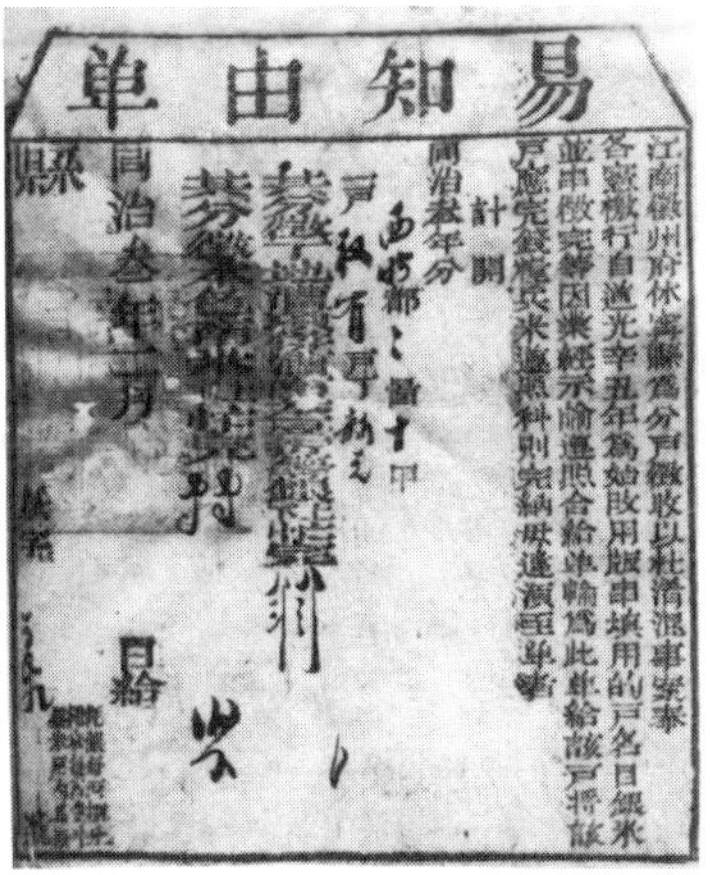
易知由単

同治叁年分

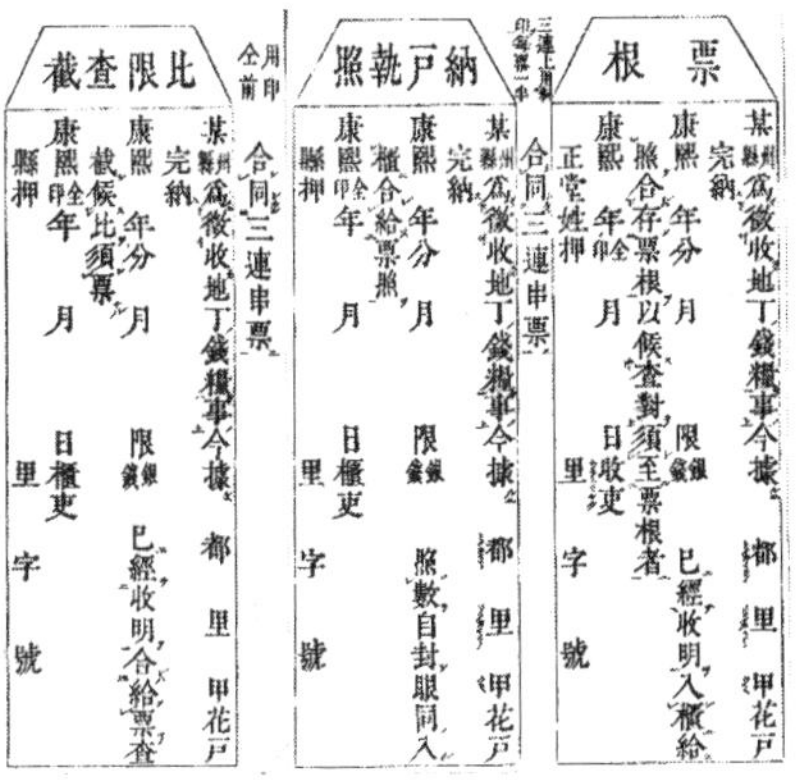
票根

納戸執照

比限査截

合同三連串票

三連串票

諸状況に委細構わず厳しい取り立てを続ければ、民怨が積み重なり、やがては暴動に発展しかねなかったので、納期の延期や税額の減免など、多少の〝思いやり〟を示すことも必要でした。かといって、甘い顔だけで接していると、相手はしたたかで、課税対象となる土地の所有額をごまかしたり、災害のダメージを過大申告したりと、法の網をかいくぐって脱税をはかるので油断は怪我の基になりました。

徴税が思うようにならない時、知県の責任は重大であり、彼自身に厳しい処分が待っていました。知県の監督官である上司もまたこれに対して責任を問われたため、任務の遂行を再三厳しく命じました。その結果、気の弱い知県の中には上司と民衆との間で板挟みとなって苦しむ者も現れました。

次に知県のもう一つの重要な任務である司法行政についてお話ししましょう。知県は統治する地域の民衆が引き起こす紛争に対して公平かつ冷静な立場から判定を下し、場合によっては民衆に対して勧善懲悪を貫いて、地域の支持を得ることも大切でした。県民間の紛争にはいろいろありましたが、多くは、いわゆる戸婚田土の類と呼ばれる、不動産の所有権や相続権などの民事紛争でした。以前ならば村落内ないしは一族内で解決した案件が、調停では収まらないまま御上の判断の場に持ち込まれました。民衆の目的は公権力によるお墨付きを得てみずからの権利の正当性を保証させることでした。だから、極端な場合は、ダメ元で頻繁に訴訟を起こしました。知県はおびただしい数の訴状を前にして、どの訴状を受理するかを吟味する必要がありました。

裁判はこういった民事だけでなく、刑事に関わる案件も少なくありません。殺人や強盗の事件はさすがにそう頻繁ではないにしても、いざ起こったなら、容疑者や証人の喚問、供述に基づく裏づけ捜査の結果、律に照らした罪科の原案をまとめて上司に報告しなければなりません。

刑事案件でも頻繁に訴状が提出されました。なかにはたいしたことでない事件を針小棒大に作り変えたり、ウソ八百を並べ立てたりと、これまたダメ元で訴訟相手をやっつけることが目的でした。誣告によって相手を罪に陥れたり、訴えると脅して相手に金品をたかったりする悪質な行為もありました。このような訴訟は法に疎い民衆が単独でできるものではありません。彼らに入れ知恵し、訴訟を唆す訟師《しょうし》という生員崩れの専門家が背後にいたことで訴訟はいっそう複雑なものになりました。

知県はこうした訴訟に対し、何が真実で何が虚構であるかを、単に訴状の文面だけの判断によることなく、多くの証言を集め、みずから現場で検証して裁定を下さねばなりません。受理した膨大な数の案件から厳選したものに対して実際に裁判を行い、裁定を下すわけですが、それでもその件数は月に四〇件ほど、年にすれば三〇〇件くらいになったといわれています。

慎重を期して作成した裁定原案が場合によっては上司に難色を示され、もう一度やり直しを命じられることもしばしばありました。もちろん裁定にはそのために雇った幕友である刑名師爺のアドバイスは貴重でしたが、最終的な判断はすべて知県にかかっていました。

これらの二大業務以外にも知県が一般に苦労するものは多々ありましたが、郯城県に赴任する知県にはとりわけ大きな責任のかかった二つの業務が待っていました。

その一つは駅站の管理でした。郯城の県城南二一キロメートルにある紅花埠《こうかふ》は沭水《じゅっすい》に臨む交通の要衝であり、康熙三年（一六六四）には駅站が設置されていました。駅站は官吏の送迎・接待と移動の際の交通手段の提供、文書の伝逓など、地方によっては重要な役割を果たしていました。しかし、たいていの駅站は県城から離れた場所にあり、それだけ知県の目が届きにくく管理の徹底が難しかったのです。

その責任者は信頼のおける親族や長随が担当しましたが、権力を濫用する傾向は免れ難く、必要に応じて資金の醵出を強要する彼らの行動は民衆の一大怨嗟になりました。しかし、その取り締まりは容易ではなかったのです。事実、私の前任知県であった馮可参《ふうかさん》が知県を解任された原因の一端はこの駅站管理の不行き届きにありました。

もう一つは凶作や災害の時における県民の救済でした。郯城県はこの点でも要注意の県でした。明末においてすでに飢餓、流寇、疫病の何でもありの状態で、崇禎末（一六四〇年代）になると、夏の旱魃に加えて秋にはイナゴの大群が県を襲い、冬にはまたまた飢饉が起こりました。

私が郯城県に赴任した時、民衆は私に次のように訴えました。

「郯城は取るに足りない県です。長い間貧困を極めて荒れ果てた状態です。三〇年来田畑は洪水を受けて雑草に覆われ、その様子はとうてい語り尽くせません。康熙四年（一六六五）には飢饉が、ついで康熙七年（一六六八）には地震があり、一粒の麦すらも収穫できず、民の大半が飢え死にしました。生き残った者たちも昼は飢えと寒さに泣き、夜は吹きさらしの下で眠りました」

まさに悲惨な状況にあった郯城県に赴任し、民衆の訴えに接した私は早速にも救済措置を実行に移さないわけにはいきませんでした。しかし、施粥事業一つとっても資金に事欠きました。特別補正予算で対応するなどの発想がまるでなく、中央政府も一切補助金を出さない実状では救済のための資金は地元の裕福な者たちの義援金に頼らざるを得なかったのですが、この県ではそれがほとんど期待できないため、私自身が身銭を切らねばならないことが多々ありました。

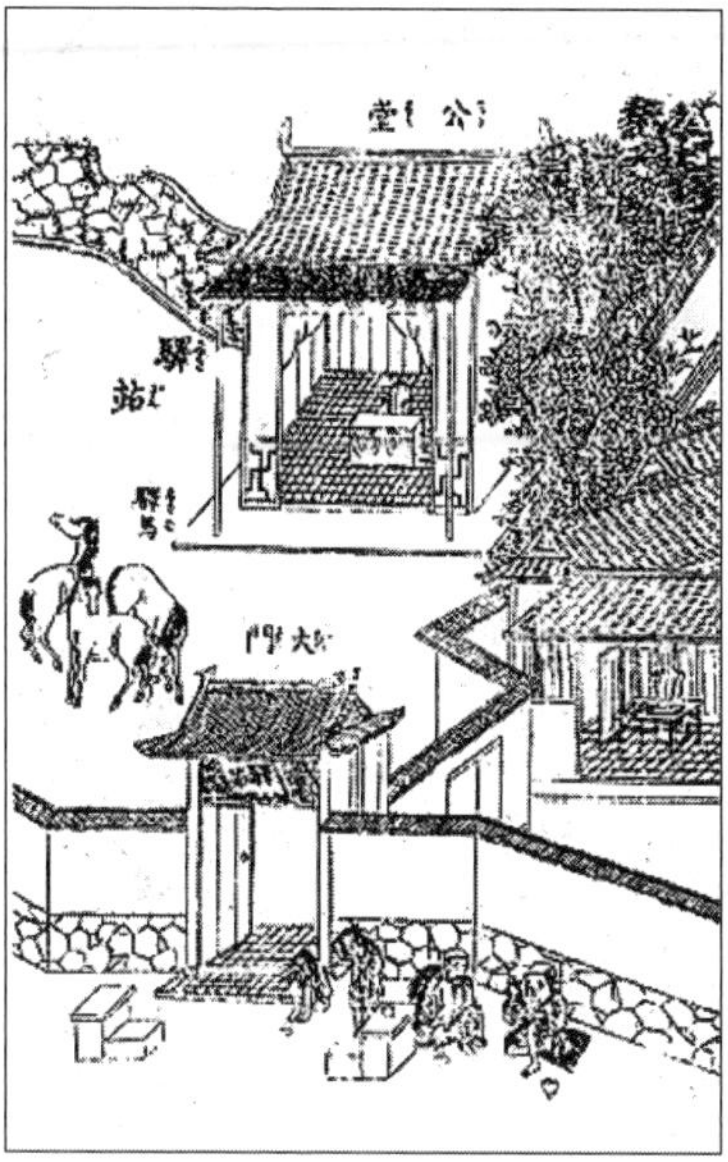

駅站

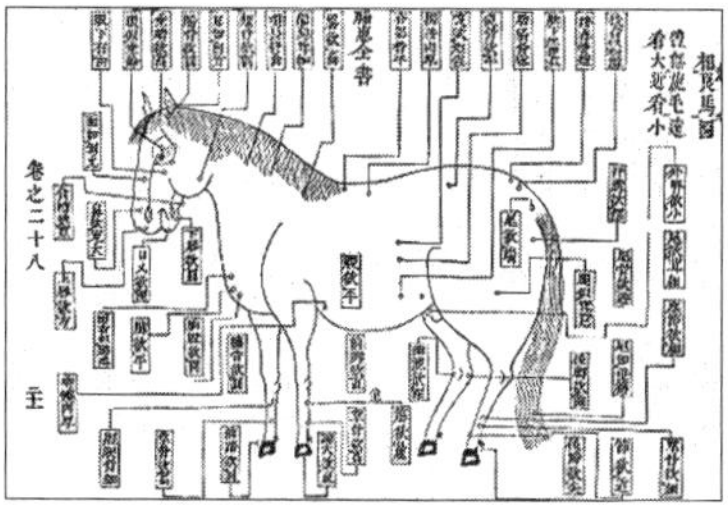
良馬を相するの図

このように知県の職務は多岐にわたっており、しかも赴任する県によっては特殊な状況にも対応せねばならず、案外大変な仕事であることを郯城県に赴任して初めて知りました。とはいえ、こんな県で私の官僚生活が始まることになりました。

五――知県の生活

郯城県の知県に着任してしばらくすると、次第にその生活にも慣れてきました。また、お偉いさんが来訪するような特別な日や突発的な事件が起きる場合でないかぎり、知県の生活には一定のルーチンがあることもわかりました。

知県の一日についていえば、およそこんなものでしょう。まずは夜明け前に内衙の合図によって県署の大門が開きます。この時、胥吏、衙役、長随は点呼を受けてみな持ち場に就かなければなりません。夜が明けるとまた合図があり、長随を経由して各房科の胥吏に当日処理する書類が配布されると、胥吏は均しく業務を開始します。衙役もまた各部署での仕事に取り掛かります。こうした形で始められた午前中の業務を早堂といい、知県がこれを主宰しました。胥吏が提出する書面や口頭での報告を受ける、慎重な判断が必要な場合は幕友に相談する、衙役や長随には実行部隊としての適切な行動を命じる、逮捕されてきた容疑者ないしは別署に護送する囚人を尋問し、調書を作成する、等の仕事がありました。

その後知県は簽押房《せんおうぼう》といわれる内衙にある知県の執務室に戻り、提出された書類に目を通します。午前中はざっとこんな具合で時間が過ぎていきました。昼食は内衙で取ることになっていましたが、なかなかゆっくりした時間が確保できず、もちろん昼寝もままなりません。

午後の業務は午堂といいました。通常、午後はもっぱら訴訟の審理に当てられます。午後四時ころになると公堂が閉まる合図があります。その後、文書や書類はすべて胥吏たちから簽押房に戻されます。もし午堂の案件が多く審理が終わらない場合は、夕方に再び開廷することがありました。午後七時ころ、胥吏、衙役、当直の獄卒や壮丁がみな集合して点呼を受け、県署の正門と知県の宅門が共に閉まることになります。

これによれば知県の業務の大半は文書行政であり、一日の相当な時間を訴訟・裁判の案件処理に割く、きわめて多忙な官僚生活を送っていたことがわかるでしょう。業務が順調に運んだ場合、午後七時になれば外部からは遮断されるため、知県も一応プライベートな時間が持てる仕組みにはなっていましたが、地元の有力者から宴会に招かれることがしばしばで、家族と一緒に過ごす時間はほとんどありませんでした。

とまあ、私は郯城県でこんな生活を二年あまり続けました。知県が一つの県で務める任期は一定ではなく、明代の規定では最初九年まで認められていましたが、中期以後、業務が繁多となり長期の担当は困難になったため、平均三年に縮まったそうです。清代の知県の任期もこれに準じました。私もそれなりの期間勤め上げたため、知県としての経験を積むことができました。

この間、私といえども初めての経験から失敗することが結構ありました。第一に赴任した地方の言葉がわからないことは悩ましいことでした。一応官話またはマンダリンという北方の言葉をもとにして作られた官僚間の共通語はありましたが、なまりの強い官僚同士、お互い馴れないと聴き取れないものでした。『福恵全書』に載せたやり取りでは、私がさも現地の民衆と直接会話しているように見えますが、多くは地元の衙役との会話記録を胥吏が書き写し、それを私に見せ、私は私で文書によって吏役を経由して民衆に伝えるのが実状でした。どうしても直接やり取

簽押房

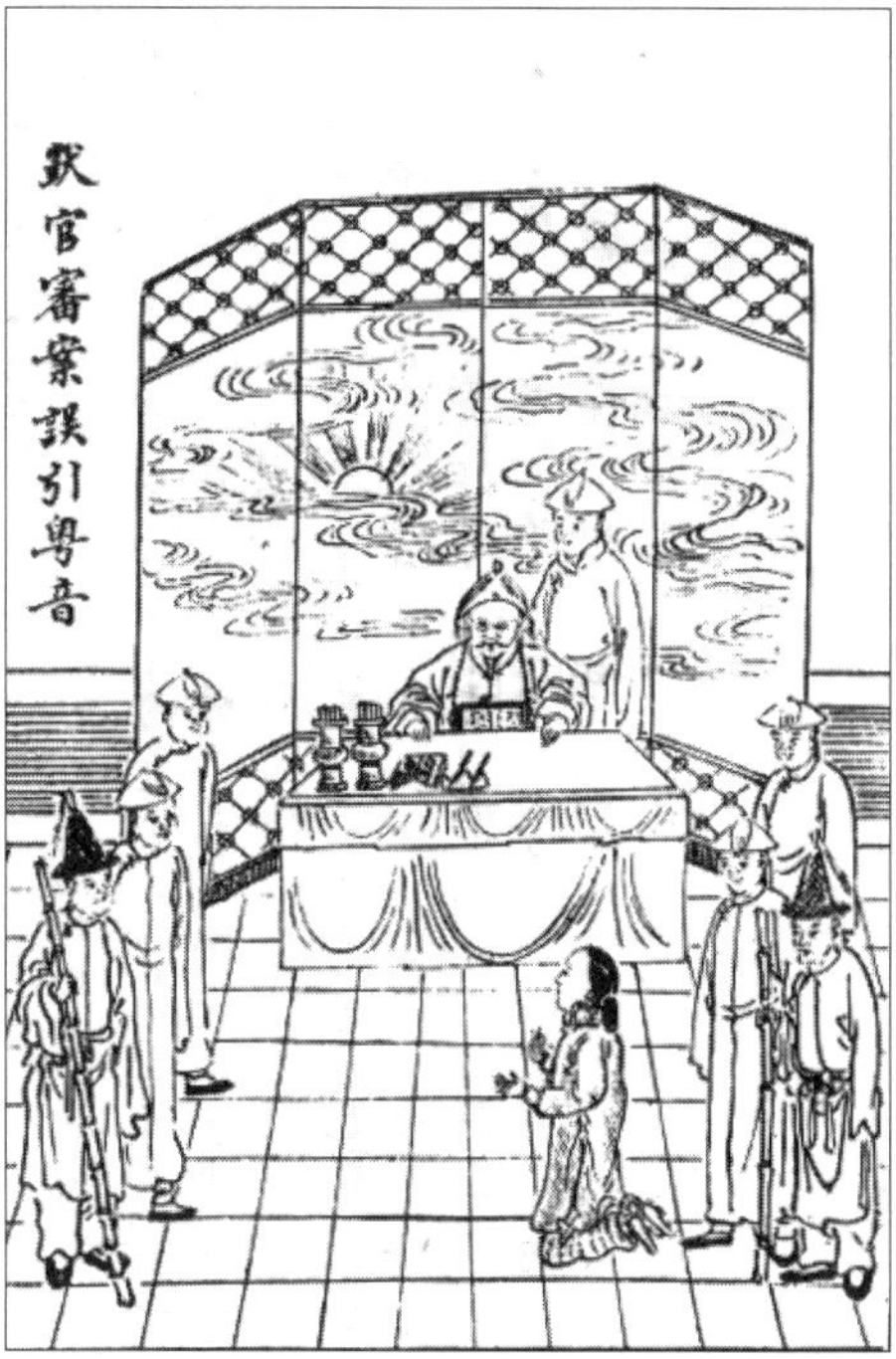

間抜け知県が粤語を誤引用する

りしなければならない場合は胥吏に通訳を頼みました。ただし、胥吏がそれをどこまで正しく伝えてくれるのか、保証のかぎりではありません。

そんなわけで、こうした状況はしばしば地元の人間のからかいの種になることがありました。進士に合格したばかりの、ある官僚が広東の某県に赴任しました。一月あまりして奥方を呼び寄せましたが、迎えに出た駕籠かきは奥方に対し「芋芳淘」という言葉を盛んに投げかけました。それがどういう意味か奥方ばかりか知県にもわからず、衙役に尋ねたところ、衙役は困り、時たまた雨模様だったため、「天から雨が降りそうだ」の意味だと取り繕いました。翌日、知県は若い女性に尋問することがあり、おりしも雨が降りそうだったので彼女に対して「老天は芋芳淘を欲する」と述べました。「老天」は広東語で「知県」の意味だったので、左右の衙役たちはみな笑い転げたそうです。

「芋芳淘」とはどういう意味ですかって？　私も江西出身なので、しかとわかりませんが、どうも卑猥な言葉だったようです。郯城県においても地元の山東南部方言は相当にきつく、まったく聴き取れないこともありました。ましてやその土地特有の鄙語など、知らない言葉は多々ありました。ひょっとすると私もまた気がつかないまま衙役たちにからかわれていたのかもしれません。

知県は県という小宇宙にあってはいわば絶対権力者であり、いったんその力を行使すると決めれば、誰もそれを止めることができない存在であったことは確かです。とりわけ軽微な犯罪に対して科す笞杖と呼ばれる叩きの刑は知県の独自の判断で過剰に重くすることもでき、それは知県にとって権力行使の絶好の場でした。ただそれだけに自己規制が必要であり、一時の感情で事に臨むと大変なことになりました。

こんな話があります。山東人で挙人大挑にて浙江省のある知県に任命された者が着任の日に

バカ知県が見知らぬ床屋を叩く

北門外の床屋の主某乙を捕まえました。人々は乙がきっと重罪を犯したものと思いました。知県は出廷すると有無を言わさず一番大きな板で四〇回打ち据えることを命じました。

乙は叩頭して尋ねました。

「小人《わたしめ》はどんな罪を犯したのでしょうか。お教えいただき、過ちを悔いたいと存じます」

知県は言いました。

「お前はわしを覚えているか？　わしは某年某月某日お前の店で馬鹿にされたことをいまに至るまで忘れていないぞ」

「大老爺《ちけんさま》は私どもの店に来られたことはありません」

「お前は北門外の床屋の主なのだ。お前でなけりゃ誰なのだ」

「大老爺は山東のご出身です。大老爺に非礼を働いたのは山東の北門外の床屋なのでは？　小人は浙江の北門外の床屋であり、相隔てること数千里、小人と何も関わりがございません」

知県はそこではたと気がつきました。

「あいや、しまった！」

私はさすがにここまでひどくはなかったのですが、村濠の改修を怠った村長を怒りに任せて叩き三〇回にしたところ、一月もしないうちに死んでしまいました。このことは私の知県人生にとって大きな後悔として残っています。

ところで、私が郯城県の知県に決まったころ、それを同情した知り合いがいたことはすでに述べましたが、逆に知県の選から漏れた友人たちは私によくこう言いました。

「どんな県であっても知県をやれば、一生安泰だねえ。恭喜発財、うらやましいかぎりだよ」

私はこの意味をいまひとつわかりかねておりました。「発財」とは「金持ちになる」ということですが、なぜ知県になると金が儲かるのか、その仕組みを知らなかったからです。

知県には決められた俸禄、つまり給料が支給されました。しかし、毎年一律に銀四五両というものでした。これがいまの金額でどれくらいになるのか、換算するのは大変難しいのですが、清代前期の米価に基づけば銀一両は七五〇人民元くらいになるそうです。二〇二四年一月現在一人民元は日本円で約二〇円ですので、知県の年俸は七〇万円にも満たないことになります。これが年俸と知って、アレッ?と思われた方は多いと思います。しかし、これは間違いなく年俸なのです。中国では伝統的に官僚の給料は著しく低い額に抑えられていました。もっとも現在の一般市民の平均所得感覚で計算し直すと四〇〇万円程度になるという説もあります。それでも知県は家族のみならず、幕友や長随の生活を維持しなければなりません。上司への付け届けにも相当な負担がかかります。災害が起これば義援金の醵出を強いられます。とてもこんな少額の収入では耐えられません。一応別途日用費として「心紅」と呼ばれる手当が二〇両支給されましたが、これを加えても焼け石に水、〝発財〟など冗談かといったところです。

さすがにこの現実的でない状況を見かねたのか、雍正帝は「養廉銀」と称して毎年各省の藩庫から地方官僚に対して補助金を支給することを認めてくれました。その額は地方の状況によって異なっていましたが、山東の知県の場合だと、一四〇〇両前後が支給されました。何と俸禄の三〇倍以上です。ただこれでも知県の多額出費に対応することは難しかったようです。ましてや私の時代には養廉銀すらありませんでした。それなら私の時代の知県はどうしたのでしょうか。そこはそれ、中国伝統の独特のシステムが存在していました。

徴税は知県による一種の請負業務の性格がありました。政府はそれぞれの県に対して毎年決まった税額分を割り当て、その額が満たされれば、残りの税については知県の自由に任せていたのです。またその割り当てた税額分も全額の八割を下回らなければ知県の責任を問うことをしませんでした。時として災害などが起こると、それを理由に上納が五割に達しないことがあっても認められる場合がありました。この結果、知県の下には相当な額の税銀が残りました。

税は原則として銀で納めることになっていましたが、一般には銅銭が流通しており、民は銭を銀に兌換して納税しました。銀の単位は両で、計算上では一両は銭一〇〇〇文に相当しますが、市価では一二〇〇文前後、これも状況によって変動するものでした。しかし、知県にはこの換算率を自由に決めることが認められていました。実際市価の一・四〜一・七倍は普通だったようで、十八世紀初の山東では銀一両は銭三二〇〇文にもなっていたとのことです。結果、差額分はまるまる知県の収入になりました。

個々に納められた税銀は上納する時、大きな銀錠に吹き直すことで若干の消耗が生じるため、徴税においてはあらかじめ正税に上乗せした火耗《かこう》という付加税が課せられました。その付加率もまた知県の自由裁量に委ねられており、一割程度であれば、その知県は清廉だといわれるほどでした。

このほか、知県には口実を設けては民から取得できる慣例的な収入がありました。それには攤派《たんぱ》といって様々な名目によって地元から取り立てる費用、土地家屋の登記、訴訟の受理などに伴う手数料、贖罪金や受刑者からのお目こぼし金など、いろいろありました。

さらに県政の決定権を持つ知県に対して便宜をはかってもらいたい者たちからの贈り物は絶えることなく、場合によっては菓子折りの底に銀子が敷きつめられていることもありました。公共事業の発注、建物の建設や修繕などに絡んで業者からの付け届けも珍しくなく、そこには当然不

銀錠と銅銭

正の伴う余地がありました。「越後屋、おぬしも悪よのう」「いえいえ、お代官様ほどでは…」という有名なセリフも中国で語られたはずです。

このようにして得た金は、廉直な知県であればこれを地方事業に充てることもありましたが、貪欲な者の多くは自分の懐に入れました。かくて知県は実質的な収入が莫大な額に上り、経済的に豊かな県を治めた者は一年に二、三万両の収入を得ることができました。当時の諺にも「官を做《な》すこと三年、以て三代の子孫を養うべし」というのがあったそうです。公私の区別があいまいで、収支報告や会計監査という観念がまるでなかった時代、知県の収入の多寡は知県その人の良心の程度にかかっていたといってもよいでしょう。

しかし、何事もやりすぎは禁物でした。度の過ぎた〝悪徳知県〟に対しては制裁が待っていました。清律には汚職した官僚に次のような規定が設けられていました。

およそ官吏が財を受けたならば、贓《ぞう》をはかって処断する。無禄人(吏)は各々一等を減じる。官は官職を剝奪して除名し、吏は役職を罷免して、ともに任用しない。

そして贓、つまり不正で得た金額に応じて細かく罰則が決められていました。理想の志を抱く若き康熙帝は、

「いつも思うことだが、民の受けるのが禍か福かは吏治の貪か廉かによって決まる」

と述べ、とりわけ知県をはじめとする地方官僚の不正に対しては強い関心を持っていました。そして于成龍を「天下廉吏第一」と推奨し、于成龍を通して現場の腐敗を徹底的に改めようとしました。

若き康熙帝

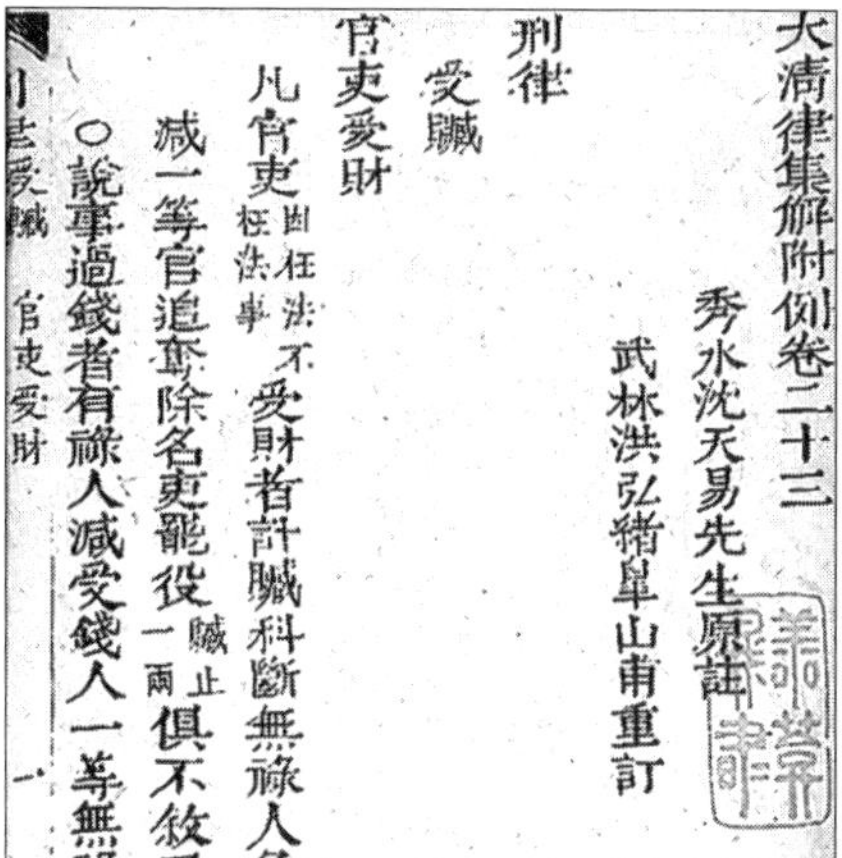

大淸律集解附例卷二十三
秀水沈天易先生原訂
武林洪弘緒皐山甫重訂
刑律
受贓
官吏受財
凡官吏因枉法不枉法事受財者計贓科斷無祿人各減一等官追奪除名吏罷役贓止一兩俱不敘用
○說事過錢者有祿人減受錢人一等無祿
受贓 官吏受財

清律・官吏受財

清朝が中国支配を確立していく途にあって、皇帝みずからがこの積悪ともいうべき問題の解決に乗り出すことは政権の正統性を世に示すために必要だったのかもしれません。しかし、長年にわたって蓄積されてきた官僚社会の悪しき?伝統は一人の皇帝の想いによってだけではたやすく滅びるものでなかったことは確かです。

第四章

知県の人間対応

差役の横暴
糧差下郷して収銀せし時、
日用飲食は皆郷老の輪流供応に由る。

一——官僚

知県の任務をつつがなく果たすためには周りの人間たちの協力が欠かせませんでした。しかし、これがまたなかなかに厄介でした。一口に「周りの人間」と言っても、いろいろいました。それは大きく三種類に分かれます。

第一は官僚です。彼らは外地から赴任してくる役人たちであり、儒教的素養に基づく知識人に共通する価値観を備え、地元との繋がりがない点では知県にとって最も対処しやすいはずの者たちでした。ただ上司の場合はその付き合い方にとりわけ慎重さを要しました。さらに駐屯軍の将官や県学の教諭など、統轄系統の異なる人々ともそれなりの良好関係を保たなければ県政に影響しました。

第二は吏役です。彼らは県署に勤務する現地採用の下級役人であり、県政の一翼を担うという点では知県を助ける者たちでした。しかし知県とは必ずしも同じ意識で県政に携わっていたわけではなく、おまけに地元の利害に大きく関わる存在であったため、気を許せませんでした。

第三は紳士です。彼らは儒教的素養を備え、知県とは知識人としての立場を同じくするも、地元の人間として、その土地の利害に関わる地方政治に隠然たる力があったため、これまた油断がなりませんでした。

このうち、まず官僚の中で最も注意が必要な上司に対する付き合い方からお話ししましょう。知県も清朝の官僚であるかぎり、朝家の家臣であり、その意味では皇帝は究極の上司であるわけですが、全国に一二〇〇人以上もいる知県の顔と名前を一人ひとり憶えているのはまずいないといってよいでしょう。「〇×知県はまことに能吏です」との人事報告に対し、どこからその情報を得るのかわかりませんが、即座に「並の人物である」とコメントできる雍正帝は例外中の例外です。その父親であり名君と謳われた康熙帝でさえ、それをなし得ませんでした。いきおい個々の知県の評価は地方の高官の報告にそのまま頼ることになったのです。

前述のように地方行政の最高責任者は総督と巡撫でしたが、彼らの任務の一つに配下の官僚を監督し、その任命、転任、罷免を求めることがありました。ちなみに私が郯城県の知県に赴任した当時の山東省のトップは巡撫の袁懋功《えんぼうこう》でした。ただ山東省だけでも配下の州県の長官は一〇四名もおり、その実質的な監督は布政使・按察使が下からの報告を受け、それに基づく審査を経て、巡撫に上申することになっていました。

布政使・按察使への報告任務の一半は道台が担いました。道台のうち一般行政を担当する分守道・分巡道の職掌には配下の府州県官を監督する役割がありました。

知県はこれらの重層構造を伴った上司から常に見張られている状態であり、どの上司に対しても信頼を得て彼らとの意思疎通を密にすることが欠かせませんでした。

そのうち知県にとって最も身近な関係にあったのは直属の上司である知府でした。知府は人民に直接する地方官の一つではありましたが、政務はすべて州県を通して行うものであり、必然的に州県を統轄して、その業務を監督する役割を担いました。

知県は県下で発生した多様な問題について、知府に逐一報告してその判断を仰ぐのを常としました。知県にとって知府はそれだけ気を遣わねばならぬ存在でした。比較的大きな都市では県署が府署と同じ城内に置かれることがありました。その場合はことのほか関係が深く、知県は始終知府との交際を余儀なくされました。それは上司と緊密になることで出世にも結びつきましたが、反面県政に干渉されることが多く、交際費もばかにならないという欠点がありました。

ちなみに当時郯城県は兗州府に属しており、知府は蔡廷輔《さいていほ》でしたが、幸か不幸か府城は郯城県城から一二〇キロメートル以上も離れていて、そうしばしば顔を合わせる機会を持つことがなかったのです。

私の経験からいえば、上司対処のコツは敬意と忠謹にあると思います。相手に対して敬意があれば傲慢は生じず、初対面の時にあっては常に慎み深く、儀礼の際にも気配りが行き届きます。また忠謹の気持ちがあれば怠慢は生じず、上司の命令に従う時は常に慎重かつ迅速に実行でき、意見を求められた際にも謙虚かつ誠実に対応できます。

参見とは部下が上司に目通りすることですが、とりわけ新任の知県が着任する際に上司に会う場合は、その時機を失してはなりません。なかでも官署が城郭を同じくする上司なら着任三日以内に挨拶にいくのが通例であり、官署が城郭を別にするにしても、知府や道台の場合は三日後

上司

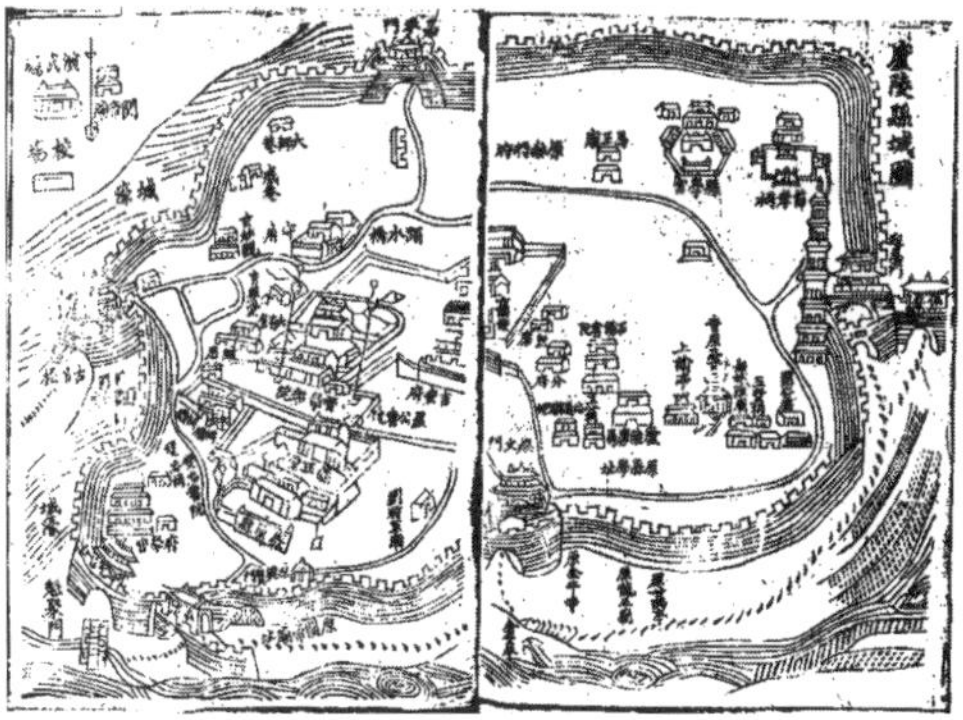

附郭の県：江西省廬陵県県城

すぐに、巡撫や布政使・按察使のように省城に駐在することで距離がある場合でも三か月以内に必ず赴いて拝謁しなければなりません。知県の初参見は上司にとって新任者の力量を観察する最初の機会になります。だから、かりそめにもタイミングを逃がせば、上司はその怠慢ぶりに機嫌を損ね、そうでなくても軟弱さを疑い、嫌悪感を抱くことになります。

面会の作法は礼房の胥吏に書き出させ、通例に従って行いましょう。わざと困る質問をして相手の反応を試そうとする意地悪上司もいないわけではありません。そんな時には感情を顔に出さずにぐっと我慢して応対し、要領を得た回答ができるように普段から心掛けておきましょう。その挙止は努めて悠然と行い、品格を大切にして、人の真似をしたり、媚を売ったりしてはなりません。

何とか初御目見えを乗り切ったとしても、以後長く付き合っていかねばならない上司への対応には常に慎重でなければなりません。上申書を出す場合には案件の内容をわかりやすくまとめ、即答を要する場合でも必ず自分で事実を確かめ、曖昧なまま返答するのを避けるべきです。文書行政が主体であった時代ではこの資質が知県にはとりわけ求められたのであり、上司もこの点を重視しました。

贈り物は上司との交際上での大切なアイテムであり、その慣例を軽んじてはなりません。相手の個人的な祝い事などには贈り物をするのが通例です。上司本人のみならずその家族の誕生日も正確にノートに記しておきましょう。贈り物については自分で必ず気配りして親睦をはかるようにしなさい。その際には金を惜しんではいけません。金を惜しめばたいてい仲が悪くなります。わざわざ贈った品物を突き返されるようでは先がありません。知県の中にはこういった下世話な行為に関わらないのをよしとして一切の慣行をないがしろにする者がいますが、それは大きな間違いです。

要するに、上司との付き合いの現実的な面をも大切に、敬意と忠謹の気概でもって接し、礼を失する行動を取らぬよう注意し、彼らから高い評価を得ることが大切なのです。

私より遅れること約一〇〇年、汪輝祖もまた上司への対応について比較的多くの記事を書き残しています。

上司に可愛がられることは政治を行う上で大切であり、それは媚びることを意味しない。下の者は分をわきまえよ。才を恃めば驕りとなり、寵愛を保とうとすればおもねるようになり、いずれも咎めを受ける。上司といってもその性情や才幹は必ずしも同じではない。しかし、だいたいは能力や経験が備わっており、人を見る目がある。こちらが朴実を自負すれば、必ず理解してくれる。真心を通じ信頼を得れば、困難な問題が生じた時、それに対して落ち着いて婉曲に伝えることも激しい口調で意見を述べることもさほど難しくなく、おおむね職務をまっとうすることができる。

世の中には喜んで騙されたいと思う者はいない。ましてや上司にあっては一言のウソも疑われるところとなり、ややもすると咎められ、少しもよいことはない。だから困難な問題に遭い、案件に支障を来たすことが多い場合には、誠心誠意をもって上申せよ。そうすれば、おのずと行き届いた指示を得ることができる。もしでたらめでその場をごまかすのであれば譴責を免れない。狡猾の汚名を被るのは官途において大いに忌むべきものである。

腑に落ちないことがあれば、上司であっても穏やかに意見を述べるのを妨げない。もしそれが理に適っていれば、きっと耳を傾けてくれる。面と向かって意見せず、あとからその良し悪しをあれこれ言うのであれば、それは同僚に対してすら許されず、ましてや上司に対してはなおさらである。またいろいろうわさする者たちの言葉には尾ひれがつくので、少しでも真を誤れば、それを耳にした者の怒りをさらに増すことになる。口は禍の元である。

上司に対する接し方については、私はすでに傲慢な気持ちを抑え、敬意と忠勤の気概で接し、礼を欠く行動を取らぬように心掛けることが彼らから高評価を得る秘訣であると説いてきましたが、このような注意事項は清代の多くの官箴書において大同小異に示されており、とくに上司に対して信頼を得ることが重要である、という主張においては共通しています。これは逆に上司から信頼を得なければ、知県は地方行政を実行できないことを意味しました。

ただ官箴書が示す「上司」とは、相対的には〝まっとうな〟上司であり、実際によくいるダメ上司ではありません。いつの時代にも困った上司はいるものです。にもかかわらず、自分の失敗を部下に押しつける者、何かにつけて金品を強要する者、さらにはパワハラが日常茶飯の者など、このような好ましからざる上司の存在を前提とせず、〝まっとうな〟上司に対して仕える正攻法を説くのが官箴書です。そのかぎりにおいて上司への対処法は官僚道徳規範の延長線上で対応できることを教えるものだったといえます。

しかし、実際に赴任して官僚社会を体験する場に己が身を置くことになった知県にとっては、いくら官箴書が上司に対して「尊敬と忠勤の気概で接し、礼を欠く行動を取らぬように心掛けよ」と説いても、それは綺麗事の世界だったのかもしれません。

明代十六世紀末の進士で、官は巡撫にまで至った佘自強《しゃじきょう》が著わし、清初の官箴書にもその教訓が受け継がれた『治譜《ちふ》』の一節に「上司対処法十款」なるものがあります。それを要約すれば次のようになります。

一、上司と面会する時は相談案件についてきちんと理解していなければならない。上司の質問に対して上の空で、いい加減にごまかして答えるのであれば、すぐに見破られる。

二、対座の際、上司が謙虚であったとしても、これに気を抜き、調子に乗って我を主張してはならない。自分に間違いがあったら弁解してはならない。上司はすべてお見通しだ。

三、上司が引き留める時でも、その意図を読み取らねばならない。不機嫌な時は心中では反対の気持ちがある。そんな時はお茶一杯だけ飲んで退席するのがよい。長居は無用だ。

四、上司の言葉が聞き取れなかったらもう一度確かめればよい。変に気を遣い、意味がわからぬまま間違って受け取るくらいなら尋ね直す方がましだ。

五、上司が親戚や友人の場合は、人目に触れる場所では絶対になれあってはいけない。それを目撃した周りの者は心にわだかまりが生じるものだ。

六、上司が食事に誘った時、酒は控えめにし、多言も慎んだ方がよい。出された食事が粗末なものであっても不満を顔に出してはならない。わがままで贅沢な性格がばれてしまう。

七、上司と親しい間柄であっても、それを口外してはならない。人によっては上司との橋渡しを求めにやってくる。得意になってそれに応じると、上司は快く思わない。

八、上司に間違った点があったとしても委曲を尽くして導き諭すのを妨げない。絶対他人にその欠点をあげつらってはならない。上司に知られて損をするだけだ。

九、上司が顔見知りであれば、その関係を疑われることを避けねばならない。関係を深めれば、多くの者は自分を恐れるあまり、中傷が方々に生まれる。

十、上司が同僚の賢否を尋ねてもありきたりのことを述べ、うかつにその悪口を言ってはならない。上司がそれを本人に漏らせば、禍を招くことが多々ある。

この中には特徴的な忠告がいくつかあります。一つは上司との面会の時は空気を読めといったところでしょうか。表面上の言葉だけを鵜呑みにして「京のぶぶ漬け」を食べてはいけません。「あんたはん、元気があってよろしな」と言われても褒められたわけではありません。招待された宴席で料理に不満な顔をさらすのはもってのほかですが、美味しいからといって全部平らげてもなりません。酔ってべらべらしゃべることも慎むべきです。人間、酒が入るとガードが甘くなりがちですが、上司との会食は仕事のうちだということを忘れてはなりません。

もう一つの忠告として大事なのは、「李下に冠を正さず」ということです。つまり外から嫌疑をかけられるような言動はなるべく避けるべきです。上司との親密な関係が少しでも目立てば、周りはそれに反応してろくなことにならないのです。他人の耳目は恐ろしいものであることを常に意識しなければなりません。

これらはみな清代の官僚社会の立ち居振る舞いを細かく指示するものですが、現代の日本社会の人間関係にも通じるものがあるのではないでしょうか。科挙に合格する秀才であったとしてもこうした人間関係の構築はたいてい苦手だったはずです。

子供のころから勉強がよくでき周りからチヤホヤされて育ったため、大人になっても気を遣うことが少ないまま知県となった〝秀才坊ちゃん〟にはひどいのもいました。

ある広西出身の挙人が山東の某知県に赴任しました。初めて上司に拝謁する際、知県は挨拶もないまま突然「大人《あなたさま》のお名前は?」と尋ねました。上司は驚き表情を硬くして「某と申す」と答えました。知県はうなずくことしばしして、「大人の姓は百家姓にありませんな」と言いました。上司はますます驚き、「それがしは旗人だからです。貴殿は御存じないのか?」と述べました。知県は立ち上がり、「大人は何旗でしょうか?」と尋ねるので、「正紅旗でござる」と答えました。すると知県は、「正黄旗が一番なのに大人はなぜ正黄旗ではござらぬのか?」と言う始末。上司はさすがにムッとして「広東はよい所なのに貴殿はなぜ広東出身ではないのか」と言い返しました。知県は翌日クビになりました。就任してから一月も持たなかったとのことです。

「上司対処法十款」は一歩踏み込んでそのノウハウを教え込もうとしたものです。こんな知県でも、むしろこんな知県だからこそ、この忠告を学んでほしいのです。

知県の同僚に当たるのは同じ府に属する他県の知県でした。清初の知県はだいたいにおいて挙人ないし貢生以上の資格を得て任命される官職であり、その意味では儒教的素養を備えている点でも同類と見なされました。しかし、同じ上司に仕える者同士、互いにライバル関係にあり、上司からも常に比較の対象にされたため、なかには仲間を追い落とそうとする者もいないわけではありませんでした。

私が郯城県に赴任した時、その県を統轄する兗州府は四つの州と二三の県を領しており、したがって知州と知県を併せて二六名がいわば私の同僚でした。知府は案件が二つ以上の県にまたがるものであれば該当する州県の長官たちが協力してその任に当たることを求めました。また、ある県で知県を含めて嫌疑がかけられた場合は、公正をはかるため、隣県の知県に調査が命じら

れました。さらに前述のように他県の知県の評価をさせられることもままありました。そのため
にも同僚との関係を良好に保つに越したことはなかったのです。
　同僚が自分と意気投合する者であれば、もとより深く親交を結ぶべきですが、気心が合わな
い者であってもあえて上手に付き合い、公務に関わることは必ず示し合わした方がよいでしょ

非常識な知県

う。こちらから先に手を差し延べれば、相手もこれに報いてくれます。さもなければ気持ちが合わず、業務でも連携できません。前述のように知府に他県の同僚の悪口を言うなどもってのほかであり、一発で協力関係が損なわれます。

これに関連して私は二つの出来事を覚えています。一つは山東巡撫の誕生日の宴席で済南《さいなん》府の淩《りょう》県《けん》知県が隣県の平原《へいげん》県の知県と話をした時、相手の横柄な態度に腹を立て、ほどなくして淩県で捕まえた逃亡者の仲間が平原県に隠れているという供述をもとに犯人を捕まえ、身柄を刑部に直接送ってしまいました。このため平原県の知県は職務怠慢によって失職したとのことです。もう一つは、楽陵《らくりょう》県で捕らえられた盗賊が犯行を隣県の交河《こうが》県で行ったと供述したため、楽陵県の知県は交河県の知県に知らせぬまま山東巡撫に報告したことで、交河県の知県は失職してしまいました。一つは傲慢な態度が恨みを買い、一つは連携不足のため人生を棒に振ったのです。

次に部下への対処法を述べます。ここでいう部下とは、県丞以下の行政に関わる正規の職員のことであり、その種類は県によっては多少の違いがありましたが、郯城県には県丞と典吏が各一名おりました。県丞はだいたい生員出身のキャリアがありましたが、典吏は生員の資格を持っていませんでした。彼らの役割は胥吏を束ねて知県の業務を分担することであったとはいえ、その責任はひとえに知県に帰しました。

部下たちは朝夕仕事を共にする関係から知県の挙動を熟知しているので、知県が正しい振る舞いをし、職務に励むのであれば、彼らもそれに従ってくれます。それに対して知県は部下の勤労ぶりを気にかけ、その禄の低いことを思いやらねばなりません。彼らに功績があれば推挙し、火急の用があれば恩情を示してやるのがよいでしょう。能力に欠けるとしたら、いろいろ教えてやり、責めてはなりません。たまたま些細なミスがあったとしても穏やかに指導して、その改善を待つのがよいでしょう。その点を少しも留意せず、思うに任せて彼らを非難すれば、恨みを買うことになります。これはまさに中間管理職の部下に対する配慮であり、これを守れば部下から慕われる「理想の上司」になるのは必定です。

県学の教官は学政使の監督下にあり、知県との間に上下の統轄関係はなかったのですが、教官の中には挙人の資格を持つ者も含まれており比較的近い立場でした。ただ、挙人大挑の試験では知県になった者に劣る成績であったため、教職に回された者たちも多く、品級も正八品と知県に比べて低かったので何かと知県に対抗心と劣等感を抱く傾向がありました。

知県は童試の最初の県試を主催しましたが、教官との連携は欠かせませんでした。また悪質な生員に刑罰を加えようとすれば、教官に連絡してその資格の剝奪を申請しなければなりませんでした。そのため教官に対しては一定の礼を取り、尊大に振る舞ってその自尊心を傷つけてはならなかったのです。教官が知県の態度に憤れば、悪口が広められてしまいます。

最後は営官についてです。営官とは清朝の軍隊の中で漢人だけで構成された緑営のうち、治安を目的に各県に配備された部隊の将官をいいます。彼らもまた広い意味で国家の公務を果たす官であり、地方行政においても重要な役割を担っておりました。しかし本来緑営は軍隊組織のため、別の指揮系統が存在し、布政使・按察使以下の文官には営官を統率・監督する権限がありませんでした。

このため県内で民と兵が対立する事件が起きるとなかなかに厄介でした。文尊武卑の下、従来科挙出身の知県は営官を低く見る傾向があり、営官もまた力を恃んで知県に対抗心を燃やしがちでした。知県が民の肩を持てば、営官は兵の側に立って民を虐げました。さらにその地方に警戒態勢が生じると、営官が故意に誤情報を流す場合もあり、地元住民は不安を掻き立てられました。

これはみな文武の官の不和が原因であるので、それを防ぐ意味でも営官に対しては階級の大小にかかわらず礼を厚くして応対しなければなりません。清朝の中国支配がまだ安定しない十七世紀後半にあっては県で暴動でも起これば、知県は緑営にすがるよりほかなかったからです。

二——吏役

吏役は知県が県政を行う上で最も重要な役割を担う県署の構成員でした。しかし、吏役の態様を描いた多くの知識人の書物においては、彼らは役目上の権力を笠に着て汚職や害毒をほしいままにする存在であり、地元の勢力と結託して県政に悪影響を及ぼす者として登場します。

これらの書物の中には「衙蠹《がと》」の別名でしばしば現れることもあります。「蠹」とは知らぬ間に柱や本に穴をあけてしまう害虫を意味します。そのため「衙蠹」とは、衙門内にあって、官に寄生し、その屋台骨をむしばむ害虫のごとき吏役を言い表したものでした。

吏役はごく限られた正規職員を除けば、おおむねみな非正規職員です。業務が煩雑な県では、その数を厳しく制限すれば人手不足になり、濫用すれば不正が増えることになります。父子や親戚でそのポストに居座り続けて久しい者もいます。大物やくざや地元の有力者が結託して手先を潜入させることもあります。彼らは馴れ合い、大胆でかつ悪辣です。知県がおとなしく欺きやすいと見れば、彼らは不法行為をほしいままにします。しかし、知県が厳しく出れば、彼らはあらゆる手段を講じて悪だくみをはかり、不良生員と結託してその爪牙になり、官署の長随と通じて情報を集めます。知県に少しでもやましいことがあれば、それを証拠に訴え出て、いろいろなやり方で脅迫し、無実の者を陥れます。そこで気の弱い知県は彼らに脅かされてどうすることもできなくなり、どんな厳しい知県でも身の危険を感じ、馬鹿を装って彼らを罰するのを憚ることになります。その結果、租税は侵蝕され、無力の良民は虐待され、官と民とは共にその毒を被るのです。これが「衙蠹」の実情でした。

「衙蠹」とはひどい表現ですが、吏役の存在は清朝自身が限られた数の官僚で広大な土地とあまたの人民を統治するための便法として容認したものでした。よって、本来力役に由来することを理由に、彼らに俸給を与えず、与えても薄給に抑えたのは、吏役による地元住民への金銭の強要、言い方が悪ければ、金銭の提供を求めることを前提にしていました。彼らに官の権力の一部を付与したことがそれを可能にしたのです。

しかし知県にとってそれは「仮公済私」、つまりは公にかりて私利を謀る不法行為と見なされ、何よりも地元の利害を直接県政に持ち込まないよう警戒すべき存在でした。そのために彼らへの対処法について語らない官箴書はないと断言できます。

吏役への対処法を説いた官箴書のいくつかを紹介しましょう。まずは明代最末期の佘自強の『治譜』は以下のように述べています。

衙門の吏役においては一人として金儲けを考えない者や不正を働こうと思わない者はいない。しかし経験を積んだ知県は状況を明白に理解できる。たとえば吏房の胥吏が物品の納入者たちの選別を引き延ばしたり、推薦すべきでない者を推薦したりすることなどは不正行為である。これを禁じてやらせなければ弊害は改まる。もし各項の状況が明らかでないならば、ただむなしく改革を唱えるばかりで、胥吏に嘲笑されることになるだけだ。

むかし、すこぶる厳しい地方官がおり、六房の胥吏たちは彼を畏れた。ある日地方官は理由もなく胥吏たちを集め、彼らを責めて、「お前らの不正はひどい」と述べた。胥吏たちは叩首して、「私どもは具体的にどんな不正をしでかしたのかわかりません。一言教えていただいた上で死にとうございます」と抗弁した。地方官はそれに答えることができなかった。それからというもの、胥吏たちはかえって地方官の善悪をうかがい知るようになり、不正を行う者が多くなった。

そのため地方官に必要なのは房科の状況を知ることである。なかにはきわめて細かい事柄があるが、少しも知らないようでは欺かれる。彼らが犯すのを待って対処するのでは遅すぎる。各房科の状況を規約や告示にして遵守するところを知らしめるに越したことはない。それがすなわち衙門の秩序なのだ。

佘自強は知県に必要なことは胥吏が勤務する六房の勤務状況を正しく理解し、その上で胥吏が担当する各部局に固有の具体的な不正についての認識を持つべきだと主張しています。

十八世紀初めの田文鏡が作成した『欽頒州県事宜』には、胥吏の弊害についてこんなことを詳しく論じています。

官署に胥吏を置くことは本来書類の作成や派遣に備えるためである。真面目に勤める者も少なくないが、衙門の習慣で私利を謀る者も数多くいる。知県が厳しく調べ、上手に管理するなら、彼らはみな法を畏れておとなしいが、さもなければ勝手気ままを許すことになる。そうなれば真面目な者もまた相次いで悪事をまねてしまう。これが胥吏の悪弊を防がねばならない理由である。

知県の赴任当初、胥吏が出迎えにくるのはみな探りを入れる計略があってのことだ。着任の日に前後左右にいるのはすべて様子をうかがう者たちである。知県の家人や親戚・友人など腹心の者を選んでまず彼らの機嫌を取る。立ち居振る舞いは知県の好むところに合わせて巧みに迎合する。

知県が金銭を好めば、金を巧みに取る方法を餌にし、そこから手を付ける。知県が気ままな性格であれば、激しく憤った言葉でもって脅しつける。知県に才覚がなければ、脇から策を献じ、公然とその権柄を操る。知県が疑り深い性格ならば、事に応じて讒言で陥れ、暗に謀略を用いる。知県が一方の言い分だけを聴くならば、他人の私事をひそかに暴き、恨みに思う者を陥れて私忿を晴らす。知県が情け深い性格であれば、他人の無実の罪を負う苦しみを高言し、彼の請託を取りなして賄賂をしこたま受け取る。

知県が賄賂を得て法を犯すことを嫌えば、法を守り公のために尽力して知県の信頼を得ることを優先する。知県が公事第一を好むなら、わずかな忠義や信義でもって知県の心を繫ぎ止める。知県が有能であれば、官勢に頼って他人を虐げる。知県が軟弱であれば、法を弄んで私利を謀る。知県が家人を任用すれば、家人に賄賂を贈って内通させる。知県が郷紳を信用すれば、郷紳と結託して外側から応援させる。文筆を弄して弊害をなせば一時的な手落ちといい、出票に手数料を求めれば、それは歴年の旧例という。これすべて厳しく防止しなくてはならないものである。

文書の取り扱いについては胥吏に管理させないようにし、銭糧についてはその横領を防止する。捕役が盗賊を捕まえる場合は、私的な拷問で良民に罪を着せることを防ぐ。検屍役人が死体を調べる場合は、傷をごまかして報告するのを防ぐ。一役ごとに一役ごとの弊害があり、一事ごとに一事ごとの弊害がある。

胥吏にあっては不正を犯すことしか念頭にないので、一人として知県を騙そうとしない者はない。しかし、知県はまず不正を取り除くことを考えるので、一人として胥吏の行動を防がないわけにはいかない。胥吏が悪事を働き、法を犯すのは知県の性情が重んじるところに現れる。感情を表に出さなければ彼らに詮索されず、表情を変えなければ彼らに付け入る隙を与えない。しかし最も重要なのは廉でもって自分を律し、厳でもって法を執行し、明でもって邪悪を見抜き、勤でもって弊害を察することにある。

新たな吏役を採用する際には賄賂をビタ一文も受け取ってはならない。頭役の交替や差票の発行は家人の勝手にさせてわずかな金をも取り立てさせてはならない。そうでなければ、吏役の不正を禁じる気持ちがあったとしても強く出られず、正しい振る舞いができない。それではどの面提げてこの輩に対処できよう。

いやしくも忠告に遵って行動すれば、知県には不正を容認する監督不行き届きの罪はなく、民には脅されて金銭を不当に強要される苦しみもなくなる。そして知県がこれらの吏役の知力や才能をすべて公務に活用し、欺かれることがないならば、それはまた知県の助力になるのである。

これらはみな知県が執政するに当たって手足となるべき衙門の実務を担う下級役人への対処法であり、官箴書には必ずといってよいほど多く書き残された注意事項です。そしてこれらの官箴書に共通するのは、彼らに対して猜疑的であり、いかにして彼らに付け込まれず、彼らを抑えつけて不正を行わせないようにし、ひいてはみずからの監督不行き届きの責任をどう免れるかといった内容に終始している点です。

吏役に対しては明らかに上司や同僚といった官僚に対するものとは異なる対応が求められています。同じ職場で業務を共にする者に対して仕事仲間の連帯をはかるのではなく、あくまでも緊張と警戒をもって距離を置くことを勧めており、吏役は知県として赴任する知識人とは住む世界の異なる存在であることを強調しています。したがって、このような住む世界の異なる集団に対して応接を誤れば、知県の主導する県政業務を果たし得ないことを意味しました。だからこそ多くの官箴書は彼らへの対処法を念入りに説き、新任知県もそのノウハウを最も知りたいと思ったのであり、そのかぎりで有用な情報源として評価されました。官箴書が一面で吏役対策の書であるとされる理由もこの一点にあったのです。

私自身はこのような吏役に対しては次のような行動を取るべきだと思っています。徴税と裁判の業務一切は既定のやり方に従って厳格に行い、弊害の余地を残さないようにしなければなりません。吏役の不法行為に対して、懲らしめるべきものは必ず罰して容赦しない反面、褒めるべき功については必ず賞することを惜しんではなりません。徴収した税は早めに上納し、重大事件は早めに解決し、吏役に力を発揮させせないように注意します。

吏役に対する賞罰はもちろんひとえに公正によるものであり、賞すべき功の場合は罪があっても賞は施さねばならないし、科すべき罪の場合は功があっても刑は必ず行わねばなりません。賞する際には常にそれだけで十分でないと考え、罰する際にはいつもそれを施すに忍びがたいとの心を抱きます。このように十分賞せば、それを受ける者はその分感謝し、重く罰しなければ、それを受ける者は恨むことがありません。至誠がそうさせるといえるのです。

まずは厳しい信賞必罰によって知県の力量を知らしめた上で、従来の行動がすぐには改められないにしても法に従った方がむしろ得策であると悟らせるのが一つの要領です。この点については汪輝祖も同じような意見で、「時に処罰し、時に奨励して、彼らに自助努力させ、刑賞はともにみずからが獲得するものだということを知らしめれば、官にその気がなくても、人々は法を畏れて公事に急となり、事がうまくいく」と述べています。

次に金銭強要の連鎖を断ち切ることです。吏役の中には必要に迫られ、やむを得ず不法行為に手を染める者もいます。その理由は知県の吏役に対する強要です。しかし、これは知県自身が改めればそれで済むことです。厄介なのは上差でした。上差とは上級官署から特定の任務を帯びて県に遣わされた吏役のことで、県よりも大きな権力機構から権限を与えられるため彼らの帯びた権力もそれなりに大きくなり、知県が遠慮するのをよいことに県の吏役から金銭の強要をほしいままにしていました。そのため、対応としては彼らが県に来た時には公費から食費や旅費を出

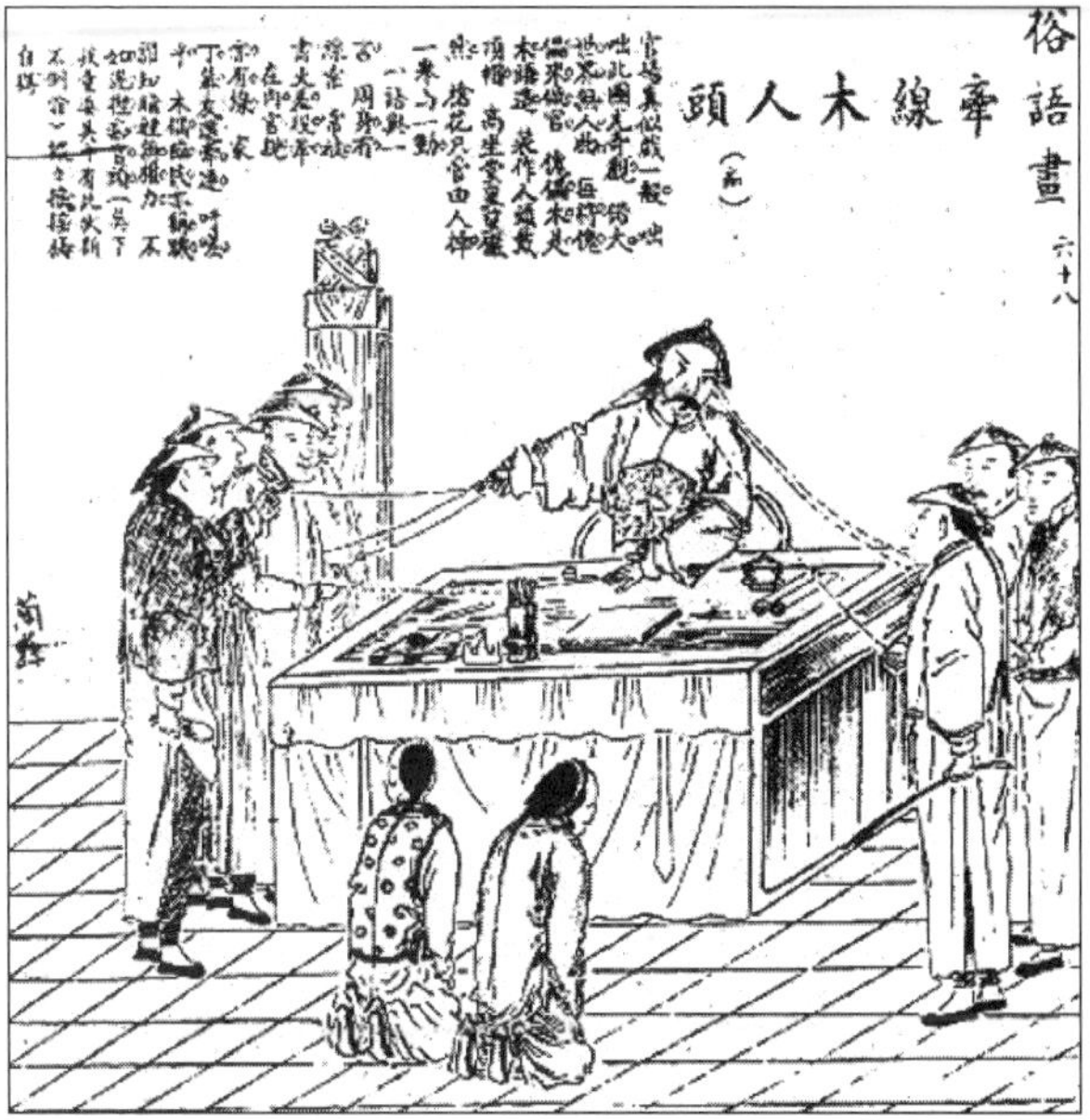

胥吏に操られる知県

刑房と吏房

すように努め、彼らが勝手にそれを県の胥吏たちに強要させないようにしました。上差の勢いがすごくても、一切の接待や人馬の提供は知県自身がすべて処理し、衙役や馬番へ暴力を振るわせてはいけません。これはなるべく吏役の出費を抑え、彼らを思いやることで、不正の根本を解決するものであろうかと思います。

ただ、あまたの官箴書の懇切丁寧な忠告も吏役への対応としては一時の気休めだった感を免れません。知県がみな廉直だったわけではないという事実はいかんともしがたいものがありました。汪輝祖は「知県が吏役からいったん賄賂を受け取ると、その弊害を摘発できないだけでなく、脅迫されて究明できなくなる」と言っていますが、ということは、たいていの知県はみなこうだったことになります。吏役たちは知県の一挙一動を見て判断した上で行動したのですから。

三――紳士

紳士は紳衿《しんきん》ともいいました。地元に居住する人々の一部であり、知県が直接統治する県の住民には違いありませんが、庶民とは区別された一種の特権階層を指しました。

このうちの上層部を郷紳《きょうしん》といいました。彼らは大きく分けて、一つ目は現職の中央・地方の官僚、二つ目は服喪や待機などの事情で一時郷里に戻ってきている官僚、三つ目は隠退して郷里に居住する元官僚を指しました。彼らに共通するのは現在官僚であるか、または過去に官僚であったか、いずれにせよ官僚経験を持つことでした。

現職の官僚は本人が地元にいないことが多いため、知県の接する頻度が高いのはとりわけ三つ目の隠退官僚でした。彼らは現職時代に貯えた資金を土地に投下して安定的な地主経営に従事するのが一般的で、経済的には大変裕福でした。当時、安定的な投資対象は土地であったため、みなこぞって地主になりました。それに加えて彼らは科挙に合格して官僚となり、儒教に基づく政治をつつがなく実現したということから、地域の住民から「一邑の望」として信望を受ける存在でした。ゆえに地域の安定と福祉をめざす政治に関与することはある種正当性があるものとして受け止められました。

中国にももちろん地域住民から尊敬を受けるいわゆる名家はありました。しかし、それは儒教官僚を輩出することで維持されるもので、官僚の身分が世襲されない中国にあっては、いくら偉い先祖の血を引く子孫といえども本人が科挙に受かって官僚にならないとその家を維持するのは困難でした。財産は息子に相続されましたが、均分相続、つまり息子が四人いれば四等分されるため、相続財産はその後に増えないかぎり次世代にはさらに少なくなり、どんな素封家でも急速に没落する運命にありました。だからこそ郷紳の家では子弟が科挙に受かることを切に願ったのです。

県における最高の政治権力はもちろん知県にありました。しかし、現職を退いているとはいえ隠然とした政治権力を持つ郷紳は、その資力とともに地域における強い影響力をなお維持していました。進士であったか挙人で止まったかといった科挙資格、官僚であった時に何品官であったかという品秩についていえば、知県よりも上の場合がありました。ちなみに品秩には正従各九ランクあり、合計一八等級が官職に応じて与えられていましたが、前述のように知県は正七品、つまり下から数えて六番目に過ぎません。

このため知県は郷紳に対し相応の賓礼をもって対処する必要がありました。また彼らの地域に対して持つ影響力は、地方行政の円滑な運営においても軽視できなかったのです。たとえば地域の利害に深く関わる問題においては、彼らが乗り出すことで簡単に解決することが多くありました。彼らの財力は公共事業や救済で資金が不足した際、義援金の有力な出資者として期待できました。その文化的素養には地域の風俗改良に対して貢献することが望まれました。それゆえ知県は彼らとは良好な関係を築くことが重要だったのです。しかし、頭が痛いのは、これらの郷紳がみな周りから見られるほど〝大人《たいじん》〟であるとは限らなかったことです。県内にほぼ同等に有力な郷紳が二人いて、ライバルといえば聞こえはよいのですが、実態は互いにいがみ合っている場合は面倒でした。知県が一方の意見を聞けば、他方は面子をなくします。こっちを立てれば、あっちが立たず、両方にいい顔をしようとすれば板挟みに苦しむことになります。

こんなのはまだましな方でした。なかには金力と腕力に任せ、権力を笠に着て横暴な不法行

徐乾学

為をくり返すいわゆる〝豪紳〟もしばしば存在しました。明末にはこの手の郷紳が多くいたようですが、清代になるとややおとなしくなったといわれています。しかし、蘇州崑山《こんざん》県で勢力を張った徐乾学《じょけんがく》のような者もいました。彼は刑部尚書まで出世し、学問的にも優れた人物でした。にもかかわらず傘下に宗族姻戚といった血縁者、狼僕といった用人、門生という息のかかった食客を抱え、彼らを武器に「一方に覇を称え、郷曲に武断する」と表現されるように好き勝手に郷民を抑えつけ、納税を拒んで官に反抗しました。こんな郷紳がいる県の担当となった知県はただただ苦労したのです。

私は郷紳と交際する場合は、絶対に礼をもって応対し、名刺を出して面会するような正式の場合はすべて慣行に従うのがよいと考えます。郷紳自身に密接に関わることや彼らの身内に予想外なことが起こった時は、彼らの体面を保たねばなりません。それは「衣冠を重んじ、名教を扶ける」ことになります。知県たる者、自分の意を曲げてでも彼らに迎合して誇りを避けようとするのは、もとより惰弱を恥じるものですが、かといって威勢を強く張れば行き過ぎになってしまいます。

「柔なるは則ち之れを茹《くら》い、剛なるは則ち之れを吐く」、すなわち柔らかいもの（弱者）に対してはこれを食べ（圧迫し）、固いもの（強者）に対してはこれを吐き出す（恐れさける）のが人情だというが責任のある地位に立つ者のとるべき態度ではないと『詩経』に述べられていますが、それはまさにこのことです。

郷紳への対処法については余自強が上司対処法と同じく一〇か条からなる郷紳対処法を以下のように挙げています。

一、郷紳への対応は傲慢であっても卑屈すぎてもいけない。おおむね委曲を尽くして謙虚に対応し、感情を表わしてはならない。

二、郷紳の中には要職にある者もいる。そんな大物に対して清官の名声を高めようとするのはそもそも無礼である。しかし、彼らの意のままに駆けずり回るのは男子たる者の恥である。その郷紳の力がいつまでも不変でないことを心しなければならない。

三、郷紳に大小の違いがあっても、我らの精神は一人ひとりにあまねく貫いていなければならない。大物のみに迎合し、他をないがしろにすれば、知県に対する批判や嫌疑はここから始まる。

四、知県が赴任地において行うことは、郷紳の行動を抑制し、民に信頼されることである。その手立ては不偏不党にして毅然とした公平な対応あるのみである。

五、権勢のある郷紳には手下が山ほどいる。彼らがもし州県に何か要求してきたら、彼らは必ずしも賢人とは限らないので、その対策を講じないわけにはいかない。たいしたことでなければ曲げて堪えればよい。

六、郷紳は民と訴訟を起こすことがある。それが重要なものでなければ、郷紳もさほど道理に外れることはない。むしろ郷紳に幾分便宜を与えても、民は分に安んじて納得するものだ。

七、知県が横暴な郷紳を取り締まろうとすると、誹謗中傷を受ける。それには道理で対処し、紛争には公正かつ意を曲げて折り合いをつける。さすれば郷紳は自然と知県に従うものだ。

八、郷紳の脱税は多いが、小民の狡猾な訴えで清濁の別を明らかにしないと賢者を怒らせることになる。一時の感情に任せて清なるものまで逐一退けたならば、悪い風潮があちこちで生じ、益なくして損あるのみとなる。

九、郷紳が訴訟に巻きこまれた時、平民と同じ扱いで出頭させたならば、同郷の郷紳たちが同類相憐れむだけでは収まらない。我らもまた郷紳の身になって考えるべきである。

十、挙人はその礼において郷紳と等しくする。物事は予想しがたく、誰が天下を取るかわからない。少しでも不当なことがあれば、いたずらに敵を増やすことになる。

以上の余自強が説く郷紳対処法を先の上司へのそれと比較してみると、その論調に若干の違いがあることに気がつきます。すなわち、上司に対してはひたすら部下として仕えるための心構えが列挙されており、上司の一般的な態様に対する評価や批判は見られません。他方、郷紳には上司と同様に非礼があってはならないとしながらも、その行動に対する注意と警戒を少なからず求めています。ここでは郷紳が階層的には同じ知識人層であっても官僚機構内部の上司とは区別するべき存在であることが意識されています。対処法はそのような者たちに対して「傲慢はよくないが、また卑屈すぎるのもよくない」とし、〝委曲〟、すなわち現状には不満があっても折り合いをつけて丸く収めることが良法だと説いています。また知県には厳正さが求められますが、明らかに横暴な郷紳に対しても体面を傷つけないよう繰り返し注意しています。全体としては知県の郷紳に対する自己抑制を基調としているのが特徴だといえます。これらの点は私の郷紳対処法とほぼ一致していると見てよいでしょう。

他方、紳士に分類されるもう一つの階層には、将来官僚になる可能性はあってもまだ官僚ではない士人がいました。一般的には生員とか諸生とか呼ばれる儒学の学生でしたが、抜擢されて国子監に入学が許された貢生、本来は国子監の学生を意味する監生もこれに含まれました。ただ監生の資格は金で買うことができ、国子監の定員外の学生は郷里で待機することが多く、知県の目には生員と同じ階層として映っていました。

彼らもまた童試に合格するだけの教養ある知識人であり、「四民の首」として庶民とはかけ離れた存在でしたが、知県にとっては官僚になっていないことから郷紳とは異なり、一段下に見ることができました。ただ、もちろんきわめて優秀な者も多数含まれており、決して侮れませんでした。知県の中には着任早々彼らに対して出典の容易にわからない言葉を博引した告示を出して煙に巻き、馬鹿にされないように努める者もいましたが、彼らにその意図が見抜かれ、出典も容易にばれて逆に権威を損なう場合も少なくありませんでした。

士人は一部を除いて年が若く、既存の政治体制に批判的な者も多数いましたが、さすがに一人ではどうすることもできませんでした。そこで彼らは同族や同郷、または童試受験の同期合格者としての連帯感によって結社を組織して集団の力を背景に行動を起こすことがままありました。知県が彼らを一方的に抑えつけようとすると「斯文《しぶん》（士人）を侮辱した」と騒ぎ立て、極端な場合には県学で実施される定期試験をボイコット（罷考《ひこう》）するまでに至りました。これが起こると知県は監督不行き届きの責任を免れないことになるので、それをちらつかせることで勝手な振る舞いを行う士人たちも多数現れました。

士人たちの不法行為として、「出入衙門《しゅつにゅうがもん》」、「包攬銭糧《ほうらんせんりょう》」、「起滅詞訟《きめつししょう》」、「武断郷曲《ぶだんきょうきょく》」がその典型でした。「出入衙門」とは資格を盾に官署に頻繁に出入りして吏役や長随と親しくなって県政の動向を探る行為、「包攬銭糧」とは郷民の納税代行を引き受け、その金を横領する行為、「起滅詞訟」とは訴訟の黒幕になる行為、「武断郷曲」とは無頼や土豪と結託して暴力沙汰を起こす行為で、知県にとっては郷紳ほど悪質でないにしても決して看過できるものではありませんでした。

私はそんな彼らに対しても学問に優れ品行方正な者であれば優遇し、貧窮学生にはみずからの俸給を分け与え学資のたしにしてやるのがよいと考えます。それは単に知県の賢明な姿を示すだけに留まらず、賢者の中には忠告を知ってますます自愛に努め、不肖の者でも心の内を翻し、みずから恥じて勉学に励むようになる効果があると思ったからです。

余自強は士人への対処法について同じく一〇か条からなる忠告を以下のように挙げています。

一、我らは士民の父母であるからには、子弟に不肖が出るのもみな父母の責任だ。ひたすら誠意を尽くすことだけを心掛け、「斯文を興起すること」を自分の任務と考えよ。諸生の中に教

罷考

え導けない者がいても、それは自分が至らぬためだ。時間をかければ士を養った報が与えられる。諸生が教化を拒むのもまた心配無用だ。識者にはわかっている。

二、諸生には己を知ってもらおうとする特別な思いがあるので、州県で毎年定期的に行われる試験や月例試験は他人任せであってはならない。州県官は答案を細かく検討し、その優れた者の名を抜き出して上司に送る。これは諸生を引き立てる大切な務めである。

三、学田は苦学生を救済するものだ。学田がある地方についてはすべてその額を調べ出し、租米を徴収して貧生を救済する。学田のない地方は各里長に逃亡して耕作者のいない土地を調べて県に報告させ、それを学田にして諸生の窮状を救うものとする。

四、諸生に接するには最初が大切である。諸生には我らが親しくはなれても侮れないのを知らしめよ。着任したばかりの時に甘くしすぎると諸生は与しやすいと思ってしまう。諸生には思う存分やらせたとしても、その後厳しく礼と法で収拾すれば、必ずしも怨みを集めることにはならない。

五、諸生の陳情を一概に取り上げないのはよくない。諸生自身に関わることであれば、陳情書を儒学に送り、認められるものを選んで県に送らせて受理する。引っ込められるものならば諸生を直に諭し、礼を尽くして自粛させる。

六、諸生の中に一、二の不肖の者がいたとしても、その体面を重んじなければならない。これは一時の人心を収斂するに留まらず、「斯文を重んじる」我らの意思と行動をそこに示すことになる。

七、諸生が他人のために陳情することは恥ずべき行動ではない。身内のことであれば、それは至情より出たものである。州県官は寛大に扱うのがよい。ただ、もし諸生が身内の権勢にかりて他人を凌辱するのであれば、必ず法を知らしめねばならない。

八、諸生がその土地で悪事をなすことはすでに長年の習慣となり、勢力もすでにできあがっているので、おとなしく法に従うようなことはない。だから我らは礼によって対処し、その後時機を見て誤りを責めれば、彼らは弁解できなくなる。

九、権勢を傘に地方に武断し、知県を脅かす諸生は、年を食ってなお目的が遂げられない劣等生である。もはや学問に努めず進取の気概もない。ただ群れをなして人を誹謗する歌を作るのが習い性になっている。この風潮が止まないのであれば、面前で試験を課すのがよい。文意不通であれば、その一部始終を学政使に申告する。

十、諸生の中には州県官の門生になりたいと頼み込む者が多い。はじめは土地の物産を持って近づき、あとになると賄賂を贈って取りなしを求め、詐欺を引き起こすようになる。こんな輩に対しては一切謝絶しなければならない。

余自強は諸生と称する生員の対処法を郷紳のそれと範疇を分けて開陳しており、同じ地元の紳士であっても知県の対応に区別を設けることを意識しています。内容はきわめて具体的な提言を含みますが、それらはどこそこの誰それのといった個別事例ではなく、一般論として語られている点が注目されます。これは生員に対する当時の共通認識だったのでしょう。

総じて生員に対して露骨とも思われるほどに批判的であり、彼らに対する注意と警戒は郷紳に比べてもなお強いものがありました。ただその半面、彼らへの対処には「ひたすら真心を尽くすことを思い、斯文を興起すること」が強調され、現状に対する譲歩も見られます。また、郷紳に対するのと同様に、知県側の厳正さが強く求められ、それが生員の付け入る隙を与えなくすると論じています。「その土地で悪事をなすことはすでに長年の習慣となり、勢力もすでにできあがっているので、おとなしく法に従うようなことはない」というような明らかにマイナス評価の生員に対しても知県側の道徳的な対応によって反省を促すべきであり、強硬な対応をして体面を損なってはならないことを強調しています。

佘自強は、知県の職場環境に彼らが占める影響の大きさを考慮し、知県はひたすら自己抑制と道徳修練を実践することによって彼らに接し、「委曲を尽くすこと」を武器に問題の解決をめざす姿勢を基調としました。そして、それは上司や郷紳の対応のみならず生員に対しても共通する認識でした。私もこの佘自強の考えに基本的に同調するものです。

ところで、清朝が科挙を復活させた順治二年（一六四五）から私が郯城県を去る康熙十一年（一六七二）までの二八年間に県内で郷紳を称した者はどれだけいたと思いますか？　意外なことに進士出身の官僚経験者はゼロでした。明代の万暦二年（一五七四）に張世則《ちょうせいそく》という人物が進士になって以来絶えて久しく、乾隆十三年（一七四八）に至るまで何と一七五年間そうした逸材は誰一人として現れませんでした。

挙人に関しては順治三年（一六四六）の馬《ば》敬飈《けいひょう》（馬驚飈）がおり、山西省静楽《せいらく》県の知県に就任しました。ただ、こちらの挙人も以後康熙四十七年（一七〇八）に至るまで五〇年以上出現することはありませんでした。明代の挙人で存命の可能性があったのは魏之《ぎし》賓《ひん》と杜之《とし》棟《とう》の二名でしたが、とも

蘇州紳士

に官途に就いておらず、以前に亡くなったと聞いています。したがって私が郯城県に赴任した当時、地元にはこのような資格を持った人物はほとんどいなかったのが実状です。この状況を、文化的先進県とされ、同じ期間に進士二八名、挙人二三名を輩出した江蘇省松江《しょうこう》府の華亭《かてい》県と比べると、まさに月とスッポンといった感があります。

私の在任中に県民を代表して租税免除を求めた人物の中に紳衿と称する王士奇《おうしき》（王士琦）の名があります。彼は順治五年（一六四八）の歳貢、つまり生員の中で優秀な学生として抜擢されて貢生になった者で、その後鄒平《すうへい》県訓導、長清《ちょうせい》県教諭、武定《ぶてい》州学正と教職を歴任しました。郯城県といえども歳貢は二一名を数え、最高で州の副官や県丞に止まったにせよ、過半が任官しました。このことを考えると、郯城県での「紳衿」は歳貢出身者が中核だったことがわかります。

郯城県に大物郷紳がいなかったことは私にとって善悪両面がありました。善の面では県政に余計な干渉が入らず、私の思うような政治が実現できたことです。その反面、困った時に頼ったり相談したりする地元有力者がおりませんでした。とくにこの県のように貧しく絶えず飢饉に見舞われる状況で救済を求めても資金援助を頼ることができず、地域の些細な問題にも知県が乗り出さねばなりませんでした。また、大物がいないと逆に小物がはびこるというか、その分だけ生員の好き勝手に振る舞う度合いが強く、かえって面倒なことも多々ありました。どちらにしても苦労に変わりなかったのだと思います。

そうそう、私は先に郯城県で当時進士の資格を持った者は皆無と述べましたが、馮可参がいたことを忘れていました。ただ彼は前任の知県であり、したがって郯城県の出身者ではありません。康熙七年（一六六八）の赴任直後に大地震に見舞われ、思うような政治ができないまま解任されましたが、そのまま郯城県に留まって静かな生活を送っていました。私との関係は良好で唯一の相談相手でした。私が郯城県を離任したあと、県志の編纂に携わり、完成すると郷里の福建省邵武県に戻りましたが、時あたかも三藩の乱が起こり、反乱軍の報復を避けて山中に身を潜めたまま亡くなったと聞いています。

四――人民

『論語』には「己を修めて以て人を安んず」という教えがあり、知県となったからには、その徳を推し広めて人の暮らしを安定させることが求められました。それは官僚人生を歩み始めた知識人の主要な目的であったはずです。

ここでいう人とは、人民、つまり何らの力もなく、土地に縛りつけられてその日その日を暮らす名もなき民、一般には「老百姓《ラオバイシン》」といわれ、官からは「郷愚」と呼ばれる民草です。すでに述べたように、彼らを直接統治した知県は「父母の官」とも称し、親が子に対するがごとく、愛情・恩情で接することが求められました。そしてその理念を示す「民を視ること子の如し」の標語は県署の目立つ場所に扁額として掲げられ、知県の外出時に携帯する木牌の銘文になっていました。

確かに知県は一県の徴税と裁判を統括し、あらゆる民の利害についてみずからが考慮し、過失がないよう心掛けねばなりませんでした。また知県が「民の父母」であるかぎり、民の重税や罹災に苦しんでいる状況を真っ先に改善することが求められました。

これまで官箴書の説く官僚、吏役、紳士の三種の人間への対応のあり方について紹介してきましたが、ならばこれらの者たちとは性質を異にする民に対して具体的にどのような方法でもって統治に臨むことを官箴書は示したのでしょうか。

私は知県の民への対応として、「あらゆる民の利弊、政務の状況についてみずからが配慮し、粗略や過失がないように期さなければならない」と、行政の円滑な執行とともに、その際における民への砕心勉励を基調とすることを説いています。また、

民の父母たる者は、民が税役負担や災害に疲れ果てていることを知っている。さらに想定外の負担や吏役の苛斂誅求が加われば、民の膏血は尽きてしまう。子供が痛がれば父母たる者はこれを撫で慈しむものである。鞭で打つなど、どうして耐えられようか。

民の牧たる者は民が耕すのに元手がないのを見れば、資金を貸しつけ、返済には利息を免除する。そうすれば民は父母の徳を戴き、仁徳ある指導者のもたらす利を蒙り、誰もがみな農耕に精を出すので、婦女子もまた安寧を受けることになる。

など、盛んに知県の「民の父母」たる存在意義を強調し、民に対して無条件の愛を注ぐよう求めています。もっとも私がここでいう民とは体制を従順に受け入れる凡庸な人間、王朝の人民支配にとって望ましい人間を指し、すなわち〝良き民〟を意味しています。

しかし実際の地方統治の現場においては、このような〝良き民〟ばかりではなく、その対極の〝悪しき民〟が厳然として存在しており、知県は当然それを無視できませんでした。

汪輝祖はこれに関連して次のように述べています。

行動に抜け目なく気性が荒い輩は問題を起こして人を害する者であり、この種は「莠民《しゅうみん》」である。知県が処罰しなければそれまでだが、処罰するのであれば、必ず法を畏れさせ、その胆をつぶし、志を失わせねばならない。もし厳しく処罰しないのであれば、それは処罰しない方がましである。処罰しなければ、若輩たちはそのうち処罰されることをまだ恐れる。しかし処罰した結果、その中身が処罰されないこととさほど違いがないとすれば、彼らは法を軽んじてますます横暴になり、処刑されるまで民に禍をもたらし続けることになる。

ここでいう「莠」とは稷《きび》に似ているにもかかわらず実をつけない雑草のことで、そのため「莠民」とは〝良き民〟の対極にあって秩序を乱し、害を与える者として、一様に処罰の対象となる〝悪しき民〟を意味しました。

こうした範疇の民は、このほかに奸民《かんみん》、刁民《ちょうみん》、猾民《かつみん》、黠民《かつみん》などとも呼ばれました。「民」にかぶせられた「奸」「刁」「猾」「黠」はそれぞれ微妙な違いがあっても、いずれも「ずる賢い」の意味で、彼らはつまり純朴な「郷愚」とは対極にある王朝の思うようにならない厄介な存在を示しています。そのため官箴書は彼らに対して厳重に管理統制して、違法者に対しては容赦のない処分を励行しなければならないことを知県に求めました。

なかには彼らに対し、「民」という表現をあえて避け、「光棍《こうこん》」とか「棍徒《こんと》」とか称することがありました。「棍」とは棍棒のことで、それを用いて人を殴るゴロツキを意味しました。清律では「光

民を視ること子の如し

棍徒

棍」と見なしただけで罪に問えました。王朝は彼らを意識的に民の範疇に入れないことで、彼らに対処しようとしました。ただ、彼らもまた〝民〟であることに変わりなく、万民に対して普遍的な仁愛を施すことを謳う儒教の理念とは矛盾したのでした。

知県はこの矛盾にどう対処すればよかったのでしょうか。私はそのような〝悪しき民〟への対処を次のように考えました。

そもそも盗賊もまた民である。上にあっては教化、下にあっては養給しなかったことがこの結果をもたらしたのである。上で教化しなければ従うべき礼義や畏れるべき刑罰を知らず、民は簡単に法に触れてしまう。下で養給しなければ、貧しくともやってはいけないことや財利にはたやすく得てはいけないものがあることを知らず、民は相率いて盗賊になってしまう。この盗賊たるや、上が最初に民をそこに追い込み、民が盗賊になるに及んで、これを禁じて殺すのである。まことに哀れむべきではないか。

私に言わせれば、盗賊もまた〝民〟の範疇に入ります。それを〝悪しき民〟にしたのは教化や養給を怠った結果が招いたものです。それゆえ正しい方向に導いて〝良き民〟に戻る余地があれば、彼らにも父母の慈しみをかけなければなりません。私はそう考えることでこの矛盾を解決しようとしました。事実、後述するようにそれを実践することもありました。

このような「民の父母」という認識は私だけに留まらず、当時の多くの知県に共有されたものであったように思われます。康熙五十八年（一七一九）から三年間、浙江省天台《てんだい》県の知県を務めた戴兆佳《たいちょうか》は告示によって「眼前にいるのはみな赤子であり、教えずして殺すには忍びない」と言い、『論語』の「教えずして誅するは之れを虐と謂う」という文句を持ち出して、条件次第では〝民〟の範疇に入れることを示唆しています。また、ほぼ同じ時期に会稽県の知県を務めた張我観《ちょうがかん》もまた『論語』を持ち出して説諭し、〝良き民〟への取り込みをはかっています。

しかし、このような知県の〝温情〟とも取れる説諭に効果があったとは思われません。同じような告示が時代と地域とを問わず頻繁に出し続けられたことを考えれば、これによって悔い改めた〝悪しき民〟はほとんどいなかったということでしょう。

もっとも多くの知県にとって、それはどうでもよいことだったのかもしれません。戴兆佳は同時に「稂莠（はぐさ）を除かなければ嘉禾（立派な稲）が育たない」と言い、張我観もまた「教えて改めないのは頑民である」と述べています。つまり彼らはまず〝悪しき民〟もまた〝民〟であることを示し、「万民の父母」の立場を貫きながら、他方で、〝良き民〟の害となる〝悪しき民〟を処分する大義名分が得られれば、それで十分だったのです。すなわち、教えずして誅するは忍びなかったにせよ、教えたあとになお〝民〟にならない者たちを誅するのは何ら心に迷いを持たなかったのです。これはたとえて言うなら、レッドカードを与えることを前提にしてイエローカードを提示するようなものだったのです。

以上の諸点からは、知県が強い関心を抱く民とは彼らの統治と安寧な官僚生活を脅かす「莠民」であり、彼らに対する管理の徹底がその果たすべき任務であったことがわかります。

実際のところ、知県と民は親しい関係にあったのでしょうか。私自身、「州県官は銭穀と刑名の責務があり、遠く四郷に赴くことができない。一方、四郷の民も農業や商売の仕事があって遠く県城に赴くことができない」と考えており、互いの関係の薄さを感じざるを得ませんでした。

この点について乾隆年間の江蘇省松江府の人朱椿《しゅちん》は次のように述べています。

州県官の職分は親民にある。担当地域は広大で、民は散居している。しかし官は衙門に住み、裁判と徴税以外には民と相見えることができない。それならどうして民と相親しむことができようか。さらには裁判においては案件を解決するだけであり、徴税においては未納を督促するだけである。一語として郷民を教訓することがあるのだろうか。しばしば上諭を奉じ、州県に郷村を巡歴することを訓令されるのは、親民の職守を尽くし親民の実政を行わせようとするためである。土地調査や事件捜査においてはどこに行っても構わない。少しでも士民や長老を招集して話を聴くのがよく、辺鄙な場所でいつも通る所でなくても赴くのを忌避しない。着任後数か月ないし半年もすれば、必ずすべての場所に赴くことができ、すべての場所の民がみな官長と相見え、話を聴くことができるようになるのであり、それは巡歴を行う以上に親民の職を尽くすことになる。在任が数年になっても四境に足を踏み入れたこと

知県の対応

がない地方官をよく見かけるが、彼らが親民といってもその実際は遠くで監督しているだけにすぎない。こんなことで善政善教を実現できるはずがない。

朱椿の意見は正論だったのかもしれません。しかし、こうした意見を改めてことさらに述べなくてはならないほど、大方の知県は民との接触をはかろうとせず、したがって彼らは到底「親民の官」ではあり得なかったのです。

第五章

黄六鴻の事件簿

検屍
事は数月を隔つも、
開棺検験の際、面目一に生前の如し。

一――新任知県の試練

私は郯城県に知県として赴任する前からこの土地はきわめて治めにくい場所であることを散々聞かされていました。事実、順治十五年（一六五八）以来この地に赴任した張翼《ちょうよく》、鄧章甫《とうしょうほ》、金煜《きんいく》、馮可参の四人の知県は在任期間二年たらずで次々に解任されたそうです。

そこで新たな知県として郯城県に赴任するに当たり、私は次のように述べました。

「私はいま郯城県を治めるに当たり心を決めた。しきたりに遵えば決断のつかないことが多くなり、いきおい他人から愚弄され、少しの工夫も発揮できなくなる。それではまた前任知県の二の舞だ。必ず思い切って逆の指示を出し、事ごとにこれまでの知県と相反することをしなければならない。おおむねそこに活路が見出せるだろう」

私は北京を出発する前に郯城県の問題人物たちについて前もって周到に調べており、そこには、金剛、天王、羅刹などを自称するゴロツキ集団がいるのを知っていました。これらの自称は五大明王の一つである金剛夜叉に因んだものでしょうが、悪魔ならぬ民衆を屈服させるといった意味では迫力あるものだったのかもしれません。彼らは郯城県下の四つの郷に二四名の仲間を配置させるとともに、県署にも手下を送り込み、県の情報を容易に探ることができました。ゴロツキ集団にとって手下たちは知県を牽制する有力な手足となっていました。

加えて上級官署から遣わされた吏役である上差の横暴ぶりはひどく、知県は彼らの勢いを虎狼のように恐れ、何かにつけて機嫌を取りました。そのため彼らを接待する無駄な出費を重ねることになりました。こういった事情は十分理解しているつもりでした。

郯城県に私が赴任することが地元にも知れ渡ると、ご多分に漏れず多くの関係者が挨拶にやってきました。その一人に郯城県出身の貢生がいました。だが私は彼に決して気を許しませんでした。彼も例のゴロツキ集団の仲間でした。私に面会を求めることで新任知県の様子をあらかじめ探ろうとしたのです。

私は通り一遍の答礼をしただけで、彼には当地の様子などについて尋ねることは一切せず、ましてや決して腹の内を明かすようなことはありませんでした。貢生は当てが外れたまま、郯城県に戻ってこの一件を地元の仲間に報告し、

「今度来る父母《ちけん》は一筋縄ではいきそうにありませんな」

と言うばかり。見栄張りであればおだてればよし、気が弱ければ脅せばよし、欲深ければ賄賂で手なずければよし、といろいろ手立てがあったのでしょうが、貢生がもたらした情報では何の役にも立たなかったのです。

これより先、郯城県の吏役たちが先を争って北京まで私を迎えにきていましたが、彼らにも貢生の話が伝わると、油断できないと思ったのか、無難で純朴な身代りを立ててきました。普段ならばみずからが率先して出迎え、赴任先での儲け話をこっそり伝授して恩を売ることに努めたものですが、今回はどうも勝手が違い、むしろ自分たちの悪行ぶりを私に察知されてはまずいと感じたのでしょう。代わりに来たのは彼らの意のままになる手下だったので、あえて過去の汚点をばらされる心配はないと考えたのです。

私は彼らを順番にねぎらいましたが、即日に立ち去らせて一人も身元に留めることをしませんでした。もちろん政務に関して一言も触れることはありませんでした。

康熙九年(一六七〇)五月、北京を出発し、江蘇省北部の徐州《じょしゅう》を経て、そこより南下して宿《しゅく》遷《せん》県に着きました。六月十八日、北上して山東省内に入り、郯城県の紅花埠に到りました。紅花埠は県城の南二一キロメートルにある交通の要衝で、そこには南は宿遷に、北は郯城の県城に繋がる駅站があり、使者はみなここで馬に乗り換えることになっていました。

この日は使いの吏役が出迎えにきて公館に行くよう求めました。だが、私は手綱を離さないまま

「それよりもまずは駅站に行きたい」

と言いました。すると駅站の下役は大変驚き、私の前に跪いて、

「駅站はご着任三日ののち、吉日をお選びになって視察されるのが通例でございます」

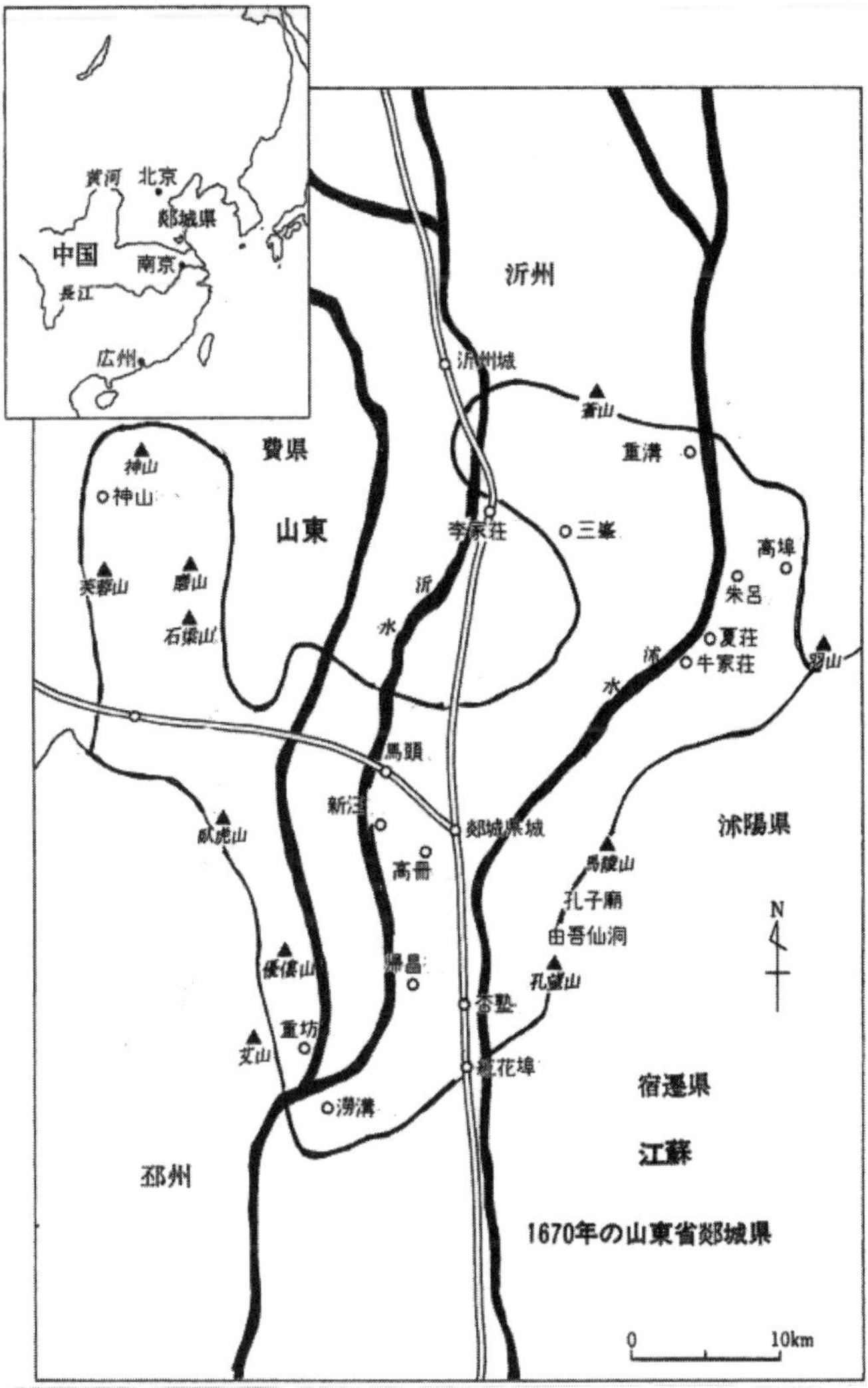

黄河
北京
郯城県
中国
南京
長江
広州
沂州
沂州城
費県
重溝
神山
神山
山東
李家荘
高埠
朱呂
夏荘
牛家荘
沂水
沭水
馬頭
郯城県城
沭陽県
高冊
孔子廟
由吾仙洞
重坊
艾山
宿遷県
江蘇
邳州
1670年の山東省郯城県
N
0
10km

清初の郯城県図

と述べました。私は
「郵駅業務は徴税とともに重要なものだ。通例であれ、何であれ、いま駅站を通過して中に入らないわけにはいかない」

と叱りつけ、馬を駅站に差し向けました。

駅站に着き、その馬小屋を見れば、そこは風雨にさらされ、庫には飼料が一粒も残っていない状態でした。汚物が堆積して臭気はなはだしく、蠅や蚊が雲のように飛び集まっていました。数頭の馬は痩せこけ、首や背中がただれてカラスがそこをついばむほどでした。前任の馮司参が解任されたため、道台官署で罪人の捕縛を担当する道快と呼ばれる吏役がそこの責任者を代行しておりましたが、彼は駅卒と結託して経費を横領し、さらに飼料のマグサの量を減らすような不正を行っていました。駅站で定められた馬の数は県全体で一二四頭でしたが、現状では一八頭が残っているに過ぎません。私はこれを見て大いに怒り、駅卒や馬番らを鎖に繋いでそれぞれ叩き三〇回にしました。

するど道快が大声で叫んで叩頭し、

「それがしは道快の王某という者でございます」

と言ってきました。私は王某を叱りつけて
「道台閣下はお前に馬を養うよう命じたのであって、馬をダメにするのを求めたわけではないぞ。ましてやお前はいまでは県駅の責任者なのだから罰を受けよ」

と責め、彼を叩き二〇回にしました。そして翌日この件を道台に報告し、かつ詫びを入れて、自分は上差が悪事を働いたからといって朝廷の法に背くつもりは毛頭ないことを告げました。ここにおいてそのうわさを聞いた多くの吏役はみな震え上がったそうです。

六月十九日、城隍廟に物忌みのために泊まり、翌日、城隍神に参拝したあと、県署に入りました。そこで私は皁隷の頭《かしら》に仕置きなれした配下の者八名を選ばせ、彼らに仕置き板を用意するよう命じました。皁隷たちはみなそれぞれにいぶかり、私の意図を測りかねているようでした。

三日後、再び城隍廟に参拝し、その後執務を開始しました。翌日の午後、各吏役を大堂に集めて点呼をとりました。点呼時には東西二つの通用門を閉じるよう命じました。各吏役は順番に名を呼ばれると階下に到り、年格好、本籍、住所を口頭で述べ、点呼簿との照合を受けました。

彼らはもともと本人とは異なる不逞の輩であったため、正体がばれるのを恐れるあまり言葉は畏縮し、どうしてよいかもわからず、顔色は真っ青になりました。私は点呼が終わるとそのような輩を出頭させ、彼らの罪を挙げてこう言いました。

「お前らはこれまで多くの不正を働いてきた。ある官はお前らのために解任され、ある民はお前らのために食いものにされた。お前らは死罪を免れないが、いましばらく叩きにかけた上で追放し、かつて害を被った者たちの鬱憤《うっぷん》を晴らすことにしよう」

そして皁隷に命じて、その罪状の軽重に応じて大きな竹の板で打ち据えさせました。刑を受けた者は二〇人あまりに上りました。さらにその後一〇日を過ぎて死んだ者一名、罷免された者五名になりました。これらはいわゆる長年各部署に巣くっていた吏役の頭目たちであり、例のゴロツキ集団の仲間でした。そこでさらに残りの者たちを呼び出して何回も重ねて反省を促すと、みな地にひれ伏し、汗を滝のように流しました。県中の人々はみな快哉を叫び、この処分が当を得たものとして褒め称えました。

私はこうした過去の体験を踏まえ、知県の吏役に対して取る行動のコツは次の点にあると考えます。すなわち、それは厳しく対応しなければならない時には厳しく、温かく対応すべき時には温かく、対応にぶれがなくメリハリを持つことに尽きるといえるでしょう。

以上は私が自身の体験から直接知り得た成果です。新任知県はこれを十分に理解しないと、以後吏役たちの意のままに操られる試練を味わうことになるのです。

皁隷1

皁隷2

二――誣告案の裁定

郯城県の四つの郷はそれぞれが八つの社に分かれていました。そして、それぞれの社には社内の徴税やそのほかの雑務を担当する村役（社長）の任務が、村民に徭役として割り当てられていました。孟林化《もうりんか》の長男孟廷俊《もうていしゅん》は、県城の西南一五キロメートルにある冷村《れいそん》社の康熙九年（一六七〇）の長でした。

宋世偉《そうせいい》の甥の宋光英《そうこうえい》は冷村社で新しく任務に就いた隣組第四甲の戸頭でした。戸頭は社長の徴税業務を補佐する役目を担っていました。しかし、宋世偉は宋光英がまだ年が若く、徴税業務に通じていないことから、親戚の管正嗣《かんせいし》に宋光英の代理を頼みました。

一月二十七日、冷村社では認役、つまり県署に就役の認可を得る必要があり、孟廷俊は県城に赴きましたが、その時、管正嗣は宋光英の名を騙る替え玉だと言い出し、ついに管正嗣と口論になりました。

ところが、その孟廷俊が二月四日に自宅で突然死にました。どうして死んだのかは不明ですが、病死であることには間違いありません。しかし、孟林化は孟廷俊の遺体を宋世偉の家に運び込み、息子が殺されたとして、この事件を究明するよう県に求めてきました。孟林化の弟孟貞倫《もうていりん》もまた甥が殴り殺されたとして府に訴えました。

孟林化の次男孟廷標《もうていひょう》は二月四日に兄の遺体を宋世偉の家に運んだのですが、彼もまた二月十二日になってにわかに病死しました。そこで孟林化はさらに二人の息子が宋世偉に殴り殺されたとして県に訴えることになりました。

他方、宋世偉は孟林化が息子の遺体を自分の家に運び込んで図頼《とらい》したとして郯城県を管轄する前任の東兗道道台徐惺公《じょせい》に訴え出ました。図頼とは身内の死を口実にして敵対する相手の家に遺体を運び込み、殺人の濡れ衣を着せて脅迫する行為で、法律で厳しく禁じられていました。宋世偉から訴えられた孟林化もまたそれに対抗して二人の息子が殺されたとして道台に訴えることになりました。

これは冷村社の孟林化が起こした問題です。郷役就任をめぐって孟廷俊が管正嗣と口論になったことが発端となり、孟林化は病死した長男孟廷俊の遺体を次男孟廷標に宋宅に運ばせ、孟廷俊が宋世偉と管正嗣に殺されたとして県に訴えました。さらに孟廷標も突然病死したことから、孟林化は二人の息子がともに殴り殺されたとして県に訴えるという誣告事件に発展しました。

上司から調査を命じられた知県にとっては慎重な判断が求められる案件でした。着任したばかりの私は前任の馮可参が未解決のまま残した事件の処理を強いられることになったのです。私は事件の関係者を集めて逐一尋問しました。検屍の結果、兄弟の遺体には外傷はなく、殴り殺したという証言も確かなものではありませんでした。さらに事件は恩赦が適用される時期に起こったものだったので、沙汰止みで済ませる旨を徐道台に報告し、道台からも許可を得ておりました。

ところが、ほどなくして孟林化は前任巡撫の劉芳躅《りゅうほうちょく》に上訴していました。そこで私は再び関係者を尋問することになりました。

孟林化の供述では、

「私どもの息子廷俊は曹建白《そうけんはく》の家で管正嗣に殴り殺されました」

とあります。しかし、曹建白らに確かめても、

「孟廷俊と管正嗣は互いに言い争うだけで、手を出しておりません。またその時、宋世偉は城内にいませんでした」

と口をそろえて証言することは以前と同じでした。

孟林化は

「孟廷標が遺体を宋宅に運び込むと、宋世偉は石で息子を殴り、すぐに逃げていきました」

と供述しましたが、この点を孟廷標と一緒に遺体を運んだ甥の黄抜子《こうばつし》にただすと、

「宋世偉が孟廷標を殴るのは見ていません」

と言うだけでした。さらに訴状に名前が挙がっていた宋光英らは

「孟廷標が我が家に遺体を運び込んだとのことですが、顔を合わせていません」

としか言いません。

これらの供述の結果、私は以下のように判断しました。

孟廷俊と管正嗣が認役のために言い争ったのは事実だが、これはよくあることだ。孟廷俊がたまたま病死したため、孟林化はその遺体を宋宅に運び、管正嗣だけでなく無関係の宋世偉をも訴えた、その意図はどこにあるのか。かつ彼らは言い争ったが手を出していない。

孟廷俊の死は天命であり、それには管正嗣だけでなく宋世偉ともまったく関係ない。殴られたことが本当なら、前知県が就役の認可を出した際になぜ申し出ることなく、死んでから初めて行動に出たのか。孟林化が遺体を運んで図頼を企てたことに弁解の余地はない。

孟廷標の死については、孟林化は石で殴られたというが、弟の孟貞倫によると、宋世偉は殴っていないとのこと、兄弟ですでに供述が異なる。

黄抜子によると、孟廷標は宋宅でさらに奥の門をこじ開けて中に入っていったが、そのあと自分で家に帰り飯まで食ったという。遺体を運んだ時に石で殴られたのなら、奥の門をこじ開けるだけの力が残っていようか。傷が重ければ担がれて帰るはずなのに、元気に帰宅し、しかも飯まで普段通り食ったとはどうしてか。その供述を見れば、孟林化の訴えの悪辣ぶりは明らかだ。

このような判断をもとに私は次のような処分案をまとめて上司に答申しました。

孟林化の悪だくみは次々と明らかになり、これまでの審議ではウソだらけの証言をしたのですから、誣告罪を適用しても問題ないと思われます。ただ孟林化は年が八〇を越えており、おまけに続けて二人の息子を失くしたことから、情として哀れむべきものがあります。また裁きに服する旨をみずから申し立てております。そのため年齢を考慮して送致を免除としたいと考えます。それによって後悔の心が芽生え、法の恐れるにたることを知らしめるようになれば幸いです。孟貞倫らその他の者たちも寛大に赦免したいと存じます。

誣告は相手を無実の罪にて告発する犯罪行為であり、なかでも相手を殺人罪で誣告した場合は、相手が冤罪のために処刑されたならば同じ刑を、まだ相手が処刑されていなくても杖一百（実質叩き四〇回）の上、三〇〇〇里の遠方に流罪とし、さらに配所で徒役三年を加えるもので、清律でも重罪とされました。知県がこうした事件に誣告罪を杓子定規に適用したならば、それはそれで県においては誰も止めることができませんでした。しかし、現実の裁判では法廷闘争の駆け引きとして相手を誣告するのは珍しくなく、それに誣告罪を適用することは滅多にありませんでした。また事件の内容がさほど深刻でないかぎり、誣告した者たちにも何かと口実をつけて叩きにかけるだけの軽い刑罰もしくは免罪にするのが現場の慣行でした。

着任早々この事件に直面した私はみずからの柔軟な判断、あるいは周りの助言に耳を傾け、幸いなことに無難な判決を出すことができました。

ただ、その答申書の最後にはこのような一文を添えることを忘れてはなりませんでした。

「卑職はこの件に関して勝手な判断をするつもりは毛頭ございません。すべては閣下のご見識

裁判

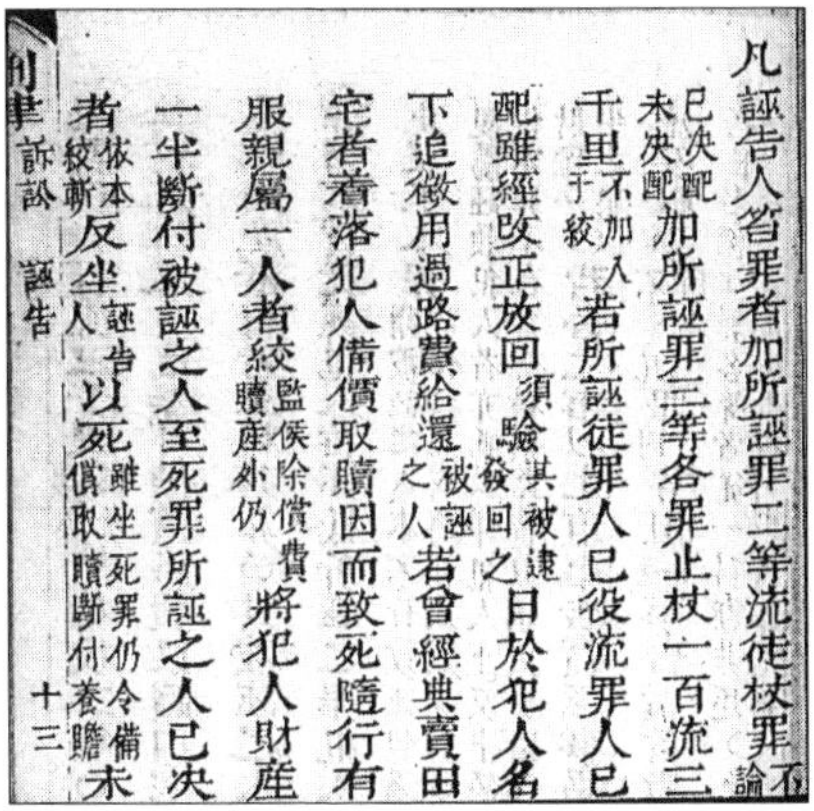

凡誣告人笞罪者加所誣罪二等流徒杖罪不論
已決配未決配加所誣罪三等各罪止杖一百流三
千里不加入于絞若所誣徒罪人已役流罪人已
配雖經改正放回須驗其被逮發回之日於犯人名
下追徵用過路費給還被誣之人若曾經典賣田
宅者着落犯人備價取贖因而致死隨行有
服親屬一人者絞監候除償費贖產外仍將犯人財產
一半斷付被誣之人至死罪所誣之人已決
者依本絞斷反坐誣告人以死雖坐死罪仍令備償取贖斷付養贍未

刑律 訴訟 誣告 十三

清律・誣告

を待つものです」

上司が私の判決案を是とされたことは言うまでもありません。

三――サルでネズミを捕まえる

私が郯城県に赴任した時、この地は盗賊の巣窟になっており、県では盗賊を捕まえると撲殺することが多くありました。私はこの状況をはなはだ憂い、盗賊が多いことを心配するあまり必ずこれを殺してしまう措置に疑問を感じていました。

確かに郯城県の各地には盗賊がはびこっていましたが、盗賊たちはそのうちで最も信頼のおける者を頭目とし、各郷ではその頭目が盗賊たちを統制していました。そこで私は一人の頭目を招き入れ、その者を手なずければ、ほかの盗賊たちも我が手中に収まり、居ながらにして問題が解決できると考えました。

西郷に白五《はくご》という大盗賊がいました。家には金がうなるほどあり、県の勢力者と姻戚関係を結んでいました。このため数十年の間勢力を保ち続けることができました。歴代の知県は事件が起こるたびにその黒幕を探し出そうとしましたが、あえてそれを申し出る者はいませんでした。そのため白五は法の網を潜り抜け、不正で得た富によって裕福な生活を送っていました。またその次男は刑房の朱某の婿でした。

ある日のこと、私は朱某を召し出し、心静かに尋ねました。

「県にはもとより盗賊が多いが、わしはその頭目にこれを統御させようと考えている。お前は刑房にいるのだから、誰がその頭目か、知らぬことはあるまい」

朱某が、

「小物以外はおりません」

と答えると、私は言いました。

「お前の親戚の白五なる者はどうじゃ」

朱某はこれを聞くと顔色を変え、跪いて述べました。

「白五は確かに私の親戚ですが、いまでは改心して久しくなります。もしお許しいただけるのであれば、あるたけの財産を喜んで差し出させましょう」

私は笑って言いました。

「わしはもとよりそんな賄賂をむさぼる者でないわい。盗んだ財を一緒に持てば、わしもまた一県の盗賊の頭目になってしまう。心配することはない。お前はわしのために密かに白五を連れてくればいいのだ。お前には何ら損をさせない。ただし、お前が少しでもためらい、白五を遠くに逃がすようなことがあれば、命はないものと思え」

朱某は恐れて応諾し、次の日に白五を連れてやってきました。

私は白五を内衙に招き入れました。その容貌を見ると、頬骨が出て鼻が高く、小鼻が盛り上がっていました。私は嘆息して「こいつはもとより豊かな暮らしをしてきたのに違いないな」と内心思いました。そこでこう言いました。

「わしはお前の所業を知っているが、それを問うものではない。お前はただ郷中の誰が大物盗賊であり、誰が小物なのかをすべて知らせるだけでよい。そいつらに害を加えるつもりはない。その名を登録して、お前にそいつらを統制させ、治安を維持するためだ」

白五はそこで盗賊の大物が誰々、小物が誰々と書き並べました。私はまず白五に命じて改過自新の誓約書と違約の際の親族近隣らの連帯保証書を提出させると、書き出させた者を連行しました。三日の間にみな集められてきたので、彼らが犯した行動について尋問しました。彼らにはむかしに強盗を犯したことは問わず、近日に窃盗を行い、証拠のあるものだけを述べさせました。そして被害者を呼んで問いただし、そのことが本当ならばみな大目に見て罪を与えることなく、その行為を記録するに留めました。そして白五と同じく誓約書を取って土番という地回り隊に編入し、白五を西郷土番の長としました。また住まいが互いに近い者五人のうち才覚ある者を頭とし、土番たちに正式の身分と制服を供しました。そこで彼らはやっとのことで自分たちが罪を免れるばかりか、贖罪に一銭も要らないことを知り、喜んで任務に励むことになりました。

私はベテランの捕役を召し出し、西郷以外の三郷の頭目について尋ねました。捕役の頭馬某は懐から一紙を取り出して言いました。

「公《あなたさま》がこのことをきっとお尋ねになると思っておりました。そのため知るところを書き出しましたので御覧に入れます。ただ三郷の頭目たちは公が白五らをお許しになり、また破格に官役に取り立てられたことを聞き、みな公のためにこの土地を掃除し、罪を贖うことを願っております」

私はそこで彼らを招撫し、過去の犯行供述書を残し、誓約書を取った上で西郷と同じように土番を設けて正式の身分と制服を与えました。土番に編入した者は合計五〇名以上になり、それは盗賊の半数に上りました。

しかし、実のところ大物の多くは緑営に拠っていました。彼らは地元の盗賊が強盗をやれば、外部から仲間に連絡を取らせて獲物を山分けしていたので、捕まえるのは困難でした。そこで私は土番たちを集めて諭しました。

「わしがお前たちを許すのは、お前たちを殺すのに忍びないためだ。今後また知らずして法を犯し、それがひとたび発覚したら、大目に見ることができなくなるぞ。いまお前たちは心を入れ替え、それぞれが農務に励むようになったからには、つまりは良民だ。だからいま褒美を与えて県中の人々にお前たちがすでに良民になったことを知らしめ、さらに土番を編制してお前たちがすでに官役になったことを知らしめた。盗賊の汚辱を免れ、栄誉を増したというべきである。だが、お前たちを頭にしたのはみずから率先して法を守り一郷の民を統制してことごとく法に従わせるためである。彼らに少しでも非違があれば、お前たちに罪を問うことになる。お前たち土番の中で法を犯す者がおれば、お前たち頭が責任を負う。賊が外部から侵入してもお前たちが直ちにその頭目を捕まえれば、お前たちの功績となる。お前たちの縄張りで事件が起これば、お前たちの防犯が十分でなかったことになり、それはお前たちの責任となる。窃盗事件についてはお前たちが相互に責任を持って捜査監督せよ。今後縄張りに新たに匪類が現れても、ただちに届け出、調べた上で隊伍に編入することを許す。一年のうちに縄張りに盗賊がいなくなれば、褒美を取らせよう。毎月一日と十五日には頭はみなを率いて県に赴いて点呼を受ける。お前たちはともにわしの言いつけを守り、人命を救い保護する心に背かぬようにせよ」

土番たちはこれを聞き、みな叩頭して言いました。

「謹んで公《ちけんさま》の御命令に従います。全力を尽くしてこれに報い、公の大徳に背くようなことは致しません」

これより外部の盗賊はあえて県内に入り込まず、土番らも越境して罪を犯すようなことがなくなりました。かくして私の盗賊対策は功を奏しました。これはサルとネズミの関係に似ています。つまりサルとネズミはともに稲に害をもたらす有害動物ですが、サルを捕まえて餌を与えてから野に放てばネズミの臭いを嗅ぎつけてその穴を見つけ、ことごとく食い殺します。そのためネズミはサルを恐れて逃げ、稲は害を受けなくて済みます。主人もまたサルに褒美として餌を遣るので、サルはますますそれに励むようになるというものです。

私は知県がこのやり方の趣旨を理解して実行したなら盗風は跡を絶ち、良民は安堵し、盗賊にもむやみに刑罰を加えなくても済むと信じます。しかし、刑房の胥吏や捕役は盗賊がいることで飯を食っており、いわばその土地に禍が起こることで金儲けをしているのです。もし盗賊が土番となれば、盗賊そのものがいなくなり、土地が安寧になって禍がなくなるので、金儲けの手段がなくなってしまいます。そのため吏役たちはこのやり方は盗賊を増長させるので止めようと言い出す懸念はあり、そうなったらどうすることもできません。

後進の知県たちには、私の教えに従ってこのやり方を踏襲して成功するにはなお県署の吏役たちの厚い壁があることを心に留めておいてほしいと思っています。

四——脅迫する生員

私は郯城県の知県に着任して一年あまりした時、面倒な問題に遭遇しました。ある生員が納税を請け負うと称して村人たちの租税一〇〇両あまりを自分の懐に入れ、しかもその状態を一〇年間続けていたのです。その結果、村人たちは納めたはずの租税が未納のままになっていることからさらなる追徴を受けて苦しむはめになりました。しかし生員の勢いを恐れるあまり、誰一人としてそのことに文句を言わず、また未納の原因についても訴え出る者がいませんでした。

明代では納税業務は里甲制という村落組織の下、その長である里長が一括して担当していましたが、明末から次第にその負担が増してきたため、清代では納税者みずからが個々に県城に赴いて行うのを原則とするようになっていました。

しかし、たいていの農民は納税場所の県城からは遠く離れた郷村に住んでおり、農務に忙しい状況ではみずからが県城に行く時間的・経済的な余裕などまったくありません。また納税のための金を携えての行程は強盗に遭うリスクを伴いました。納税場所でも吏役たちの格好の餌食になることが多かったのです。普段滅多に行かない県城内でうろうろしていると怪しげな男たちが声をかけてくることがしばしばありました。村人たちにとって県城は緊張を強いられる怖い場所でした。

そんな折、納税を代行してやるという申し出があれば、それにたやすく乗っかることは避けられませんでした。この納税代行行為を包攬《ほうらん》といいました。包攬に携わる者はその立場に応じていろいろいましたが、組織的な場合には郷紳が、個々の場合には生員がその中心的役割を担いました。彼らは城内や郊外の市場に居を構え、納税をみずから行うことがさほど負担にならない者たちでした。そんな彼らがついでに村人たちの納税を請け負うのであれば、村人たちは願ってもないことだったに違いありません。無論依頼する側は何らかの手数料を負担しなければなりませんでしたが、自分で県城に行くよりははるかに楽だったのです。しかし、それはそんなに甘いものではありませんでした。

組織的な場合は土地の所有名義を郷紳たちに一時変更し、その土地の租税を郷紳たちが納めるといった形になるのが一般的でしたが、いつの間にか土地そのものが郷紳に乗っ取られてしまうことがありました。個々の場合、村人が生員たちに納税するための金を渡すと、横領されて結果的に租税は未納のままになり、本人が県から追徴を受けることになりました。しかし相手が勢力のある生員だと村人は泣き寝入りするほかなかったのです。だから県にとってこれをいかに阻止するかが緊急課題の一つでした。

私は村長に税を滞納している村人のブラックリストを作らせ、そこに書き出された者たちを連行して

「なぜお前らは税を払わないのじゃ？」

と問いただしましたが、みな
「そればかりはご勘弁を、そればかりはご勘弁を」

と、額を地面に打ちつけて号泣するだけで、そのわけを明かそうとはしません。そこでさらに問いつめると、彼らはようやくにして白状しました。

「あるあくどい生員が私どもの税を代納すると言っていながら、それを果たしていないためでございます」

私はこれを耳にして憤りを禁じえず、さっそく命令を出してその生員を呼び出し、村人たちの立会いの下、生員に弁償させる措置を講じました。生員は村人たちがにわかに矛先を自分に向けたことに怒り、事実を申し出た者に平手打ちを食わせました。私はそれを見て大いに怒り、県学の教官に杖刑を科すよう命じ、その旨を各上司に報告しました。

前述のように知県が随意に生員を罰することはできません。その場合には、まず教官にその資格を剝奪させた上でないと知県自身が罰せられます。巡撫の袁懋功《えんぼうこう》公はこの件を慎重にお考えになり、生員資格の剝奪に関しては教育部門の最高責任者である学政使の判断に委ねるべきだと言ってこられました。

生員の父親もまた悪い生員でした。ちょうど新任の巡撫張鳳儀《ちょうほうぎ》公が赴任される時期に当たっていたので、父親は私の悪行を書き連ねた張公宛ての息子の訴状を私の前にちらつかせて、

「愚息がこんなものを書きました。あやつが何をしでかしたのかは知りませぬが、ここはひとつ大目に見てやってはいただけまいか。租税を払ってない者たちこそ罰を受けるべきなのでは」と脅しをかけました。

私は笑ってこれを突っぱねて言い放ちました。

「わしがもしこの土地の者たちの怒りに触れたのであれば、訴えればよい。わしが法をまげ、罪ある者を見逃し、罪なき者を無理やり罰するのであれば、たとえそれによって出世したとしても何になる。そんなことをやるつもりは毛頭ない」

張公が康熙十年（一六七一）八月、山東巡撫に着任されると、父親は私の腐敗と残忍ぶりを挙げて訴え出ました。張公はその時、妙に思われ、すぐには行動を起こされませんでした。着任されて三日後、布政使をはじめとする部下の方々と謁見された際、みなさまに尋ねられました。

「省内の知県たちの中でこれはと思う者に誰がいるか」

布政使施天裔《してんえい》公は

「郯城県の黄六鴻がおります」

と、私の名を挙げて山東で最良の知県であると評していただきました。按察使何毓秀《かいくしゅう》、東兗道道台銭光泰《せんこうたい》ら諸公もまた口をそろえて私を褒め、みずからが知る所の治績を列挙されました。

翌日施公が張公にお会いになると、張公は生員の訴状を施公に示されました。施公は笑って

「実に悪いやつらでございますな、その親子どもは。以前息子が悪辣な包攬で税の未納を犯し

たことについて郯城県から報告がありました。いままた黄六鴻を誣告して仕返しをはかろうとしているだけです」

と応えられました。張公は調書を確かめ、生員の訴状に「切責不准(厳しく処分し許さない)」と書き入れられました。その結果、生員はついに流罪に問われました。

私はこのことを聞いて嘆息しました。

「当時、施公らが私を深く信じ、弁明を尽くしていただけなかったとしたら、悪辣な誣告の禍を受けること、どれだけであったことか」

そして、生員を呼び出し、禍福利害を諭しました。

「これまでの未納のままにした租税を速やかに清算せよ。もしなお引き延ばすのであれば、さらに督促をかけ、それでも従わない場合には県と学校との両方から追徴を申請するものとする。納税者たちも包攬を許した罪に問う」

生員は法を恐れて清算に応じ、納税者たちに対しても罰すると聞いて怒りが静まりました。この結果、村人たちには租税追徴の苦しみがなくなり、知県も無事に安んじることができるようになりました。

私はもう一つこれと似た話を覚えています。郯城県には四五の社が存在しましたが、そのうち杏墩《きょうとん》、朱呂《しゅろ》、重溝《じゅうこう》、新汪《しんおう》等数社の租税の半ばは紳衿による包攬のために未納になっていました。なかでも劉廷琬《りゅうていえん》という生員がこの件では有名でした。包攬の組織的な場合の説明で触れましたが、劉廷琬は新汪社の土地を名義上自身に寄託させながらも、その土地にかかる租税を横領していたのです。そのため未納のままになっていた新汪社の租税、つまり包攬で生じた未納分は新汪社の貧しい村民が賠償しなければならない状態でした。新汪社の社長胡際明《こさいめい》と胡袁年《こえんねん》は劉廷琬に恨みを抱き、自分たちの苦しみを訴えたいと言ってきました。

私は彼らの話を聞いて憤慨しました。そして、

「かたじけなくもこの土地に知県となって赴任したからには一介の生員ごときにどうしてこれを許せよう」

と息巻き、各方面に劉廷琬の審議を申請して知府と道台から許可を得ました。

ところが劉廷琬本人だけが出廷しません。そのため私が父親の劉明遠を府に送致したところ、やっとのことで本人が府に出頭してきたそうです。胡際明と胡袁年はすでに県で拘束していましたが、彼らは農繁期であり、裁判の延期を求めてきました。私もその事情を勘案し、冬小麦の収穫期まで開廷を延ばすことに決めました。

劉廷琬はその間に乗じて悪だくみを抱きました。彼は府から戻ると、姿をくらまし、悪党の胡日塵《こにちじん》と一緒になって胡際明・胡袁年の二人の社長を殴り、その手足をへし折って殺傷する暴挙に出ました。さらに胡際明の死体を県境にまで運んで跡が残らないようにしました。結果、訴えられた劉廷琬の姿は消え、訴えた社長たちは災厄に見舞われ、おまけに胡際明の死体は行方知れずになってしまう事態になりました。

その後徹底調査を求めましたが、この事件がどのようにして解決したのか、それとも解決しなかったかはわかりません。はっきり言えるのはこの案件は私の負けに終わったことです。

私は前者の事件を通して「任務に当たって真面目になりすぎ、悪を憎む程度が過ぎると、かえって狂人に嚙みつかれ、すすぐことのできない冤罪を被ることになる」との教訓を改めて得たのでしたが、後者についてはこれを通して何か所感を残そうとか、そういった気持ちにまったくもってなれません。

五――捕役

ある日のこと、捕役が一人の逃亡者を捕まえました。そこで私は逃亡者に尋問しました。

「お前はいままでどこに隠れていたのか?」

すると、逃亡者は次のように供述しました。

「県署前で酒屋の石文玉《せきぶんぎょく》に雇われ、その家で三か月過ごしておりました。工賃は月に三〇〇文でした。その家の配置や人数、左隣の何木鐸《かぼくたく》、右隣の豆腐屋王三《おうさん》のことなど、ことごとく知っています」

私はこれを聞いてどうも怪しいと感じました。我が朝が施行する保甲制はきわめて厳格なもので、県署の目の前で犯人をかくまうなどあり得ないからです。これはきっと捕役がその者を唆して入れ知恵したのに相違ないと思いました。

そこで私は審問中、トイレに行くふりをして逃亡者を軒下に待機させた上で、石文玉および何木鐸、王三らを呼び出し、馬屋からこっそりと入署させました。彼らはみな驚き、呼び出された理由が飲み込めません。私は早くにこれが誣告だとわかっていたので、彼らに次のように伝えました。

「わしがお前たちを尋問する際、石文玉を呼べば、何木鐸が前に進み出、何木鐸を呼べば、石文玉が前に進み出るようにせよ。間違えてはならぬぞ」

私は席に戻り、逃亡者を戻して再び尋問しましたが、供述は最初と同じでした。そこで私は石文玉らを呼び出しました。私が石文玉の名を呼ぶと、何木鐸が前に進み出ました。

「逃亡者の某をかくまった覚えはあるか？」

「まったくありません」

逃亡者は石文玉らの顔を知らなかったのです。捕役もこのような状況になるとはつゆ知らず、対策を授けてはいませんでした。そこで逃亡者は何木鐸を指さして言いました。

「俺はあんたの家で三か月雇われていたのに、それでもまだウソをつくのか」

私は石文玉を前に進ませ、逃亡者に尋ねました。

「おまえはこの者を見知るか？」

すると、逃亡者は言いました。

「こいつは隣のやつだと思います、よくは覚えておりませんが……」

私は石文玉らを去らせたあと、笑って逃亡者に言いました。

「三か月も雇われていたのに主人の顔を知らない者などいるものか。捕役がお前に入れ知恵したに違いない。本当のことを言えば褒美を取らせるぞ」

一両の金を与えると、逃亡者はびくびくして言いました。

「ウソをついたのは事実です。正直に言えば、これ以上吟味を受けないで済みましょうか?」

私は捕役の中に魏某という酒飲みがおり、きっと石文玉の店で付けが溜まってそれ以上飲むのを拒まれたことに腹を立てたのであろうと思いました。そこで石文玉を呼び出して尋ねました。

「魏某はお前の店で付けで酒を飲んでいたか?」

石文玉は答えようとしませんでしたが、私が怒って叩きにかけようとすると、ついに叩頭してそのことを白状しました。

「付けで酒を飲んだのであれば、帳簿があるはずだ」

「ございます」

帳簿を見ると、魏某の付けは数十件、合計一〇〇斤あまりでしたが、一銭も払っていないことがわかったので、私は魏某を呼び出しました。魏某は平謝りだったので、叩き二〇回にして過失を記録するに留めました。この一件では石文玉には現在に至るまで感謝されました。

そもそも逃亡者をかくまったとする訴えほど狡猾でウソが多いものはありません。逃亡者が虚偽の告発を行い、告発された者に面識がある場合はその災厄から免れません。私がもし石文玉に疑いをかけ拷問にかけておれば、魏某は石文玉に対する恨みを晴らし、逃亡者は誣告の報酬を得ることになったでしょう。そのため逃亡の案件を審議する場合はあらゆることに神経を行き渡らせねばならないのです。

捕役

六——巨魁《おおわる》の討伐

康熙九年（一六七〇）六月六日夜に県城の西南二〇キロメートルあまり離れた大安西郷澇溝《ろうこう》社付近に大邸宅を構える李東振《りとうしん》とその息子三名が自宅で襲撃を受けて殺され、ほかの息子三名も重傷を負うといった凶悪事件が発生しました。

実家と少し離れた場所に住まいがあったために難を免れた長男の李瑗《りえん》は六月二十三日になってようやく「家族四人が劫殺された」として私の下に訴え出ました。私は李瑗の訴状を読み、犯人は李東振に恨みを持つ者の犯行に違いないと思いました。そこでその夜密かに李瑗を呼び出して

「これは恨みを持つ者の仕業か？」

と問いただしました。

李瑗はあえて答えようとはしませんでしたが、再三尋ねると、

「公《ちけんさま》は我らのために仇を取っていただけるのでしょうか？」

と伺いを立ててきました。私が

「無論じゃ」

と答えると、李瑗は涙を流して次のようなことを語り出しました。

「その夜、顔を紅く塗った肥った男が腰刀で人を殺めました。そいつは王三《おうさん》の息子の王可習《おうかしゅう》です。王三はかつて清朝に対する叛乱軍の首領于七《うしち》の下にいましたが、于七が敗れたことから、やつも逃げて郯城と邳州《ひしゅう》の境の五丈溝《ごじょうこう》に到り、そこに砦を築きました。その後、仲間を集めて次第に力を増し、そこに巣くって横暴を極めました。そして誰も手出しができないまま、すでに十余年の年月が流れました。私どもの住まいは五丈溝から数里と離れていません。この春、隣に住む荘宗魁《そうそうかい》は禍を被るのを恐れて王三に土地を献上し、王可習に娘を嫁がせました。たまたま私の家で飼っていた豚がこの土地に迷い込むと、王可習は怒って豚を刺し殺してしまい、父が豚を放って自分の土地に押し入ったと非難しました。父もまたこれに腹を立てて、「この賊どもが」と罵りました。このため王三親子は心に恨みを抱き、その夜の犯行に及んだのです」。

私は事件のあらましを理解しました。事件の夜、王三たちは李東振の屋敷に近い藪に潜み、暗くなるのを待って犯行に及びました。王可習ら四人は中庭に入り、庭先で横になっていた李東振の首に刀を突き刺して殺しました。さらに五男の李瑷《りあい》、七男の李小黒《りしょうこく》、六男の李小鸞《りしょうらん》を次々に殺し、残りの息子や一緒にいた客人にも重傷を負わせました。これが事件の真相です。

五丈溝一帯は長年盗賊の巣窟となっており、官憲も手出しできない状態が続いていました。しかし、私はこの事件の解決に積極的に乗り出しました。ただ県署においても王三の手下たちによる監視の網が張り巡らされているなか、事は慎重にはからねばなりませんでした。

私は信頼できる捕役の余彪《よひょう》を呼び出し、

「誰がやったのか？」

と尋ねましたが、余彪は
「誰がやったのかはわかっておりますが、私の口からはとうてい申せません」

と言うだけでした。私は重ねて尋ねました。

「ならば犯人に恨みを抱いている者に誰か心当たりはないのか？」

余彪はしばしの沈黙ののち、とうとう告げました。

「むかし、あいつらに弟を殺された管明育《かんめいいく》という者がいます」

そこで、私は口実を設けて管明育を密かに召し出し、弟を殺し、さらに李東振とその息子たちを殺したのが王三であると供述させた上で、王三親子の逮捕に力を貸すよう仕向けました。

計画は極秘で進めねばなりませんでした。さらには逮捕に踏み込むだけの人手が必要でした。私の手勢は一〇〇名ばかりがいましたが、緑営の兵とは互いに対抗意識が強く、なかなか営官からの協力が得られません。頼みとする緑営の指揮官朱成明《しゅせいめい》も王三親子と近い関係にあったことから、いまひとつ信頼が置けません。

管明育が王三の屋敷に行き、王三親子が屋敷内にいることを確認すると、私は朱成明と合流して逮捕に向かいましたが、同行した朱成明をなお信用せず、まだ行き先を告げようとしませんでした。それでも捕方が向かっているという情報はどこからか漏れていたのでしょう。王三の屋敷に着くと、王三は武器を備えて待ち構えていました。

馬を進めると左右は心配して近づかないよう忠告しましたが、私は天を仰ぎ、

「わしは天子の法を授かり民のために害を除くのだ。どうして天が我を殺すことがあろうか」

と言い、門前で王三の名を叫びました。

盗賊

「誰だあいつは？」

王三は私が誰だか知りませんでしたが、新しい知県だとわかるととても驚き、ついに配下の二〇名とともに逃げ出しました。

私にとってこれは想定内のことであり、そのまま追跡していきました。しかし、邳州との境の河に到ると、朱成明は、

「郯城県の兵が他州に越境することはこれまでの例にないことでございます」

と河を渡るのを止めようとしました。しかし、私は、

「郯城県の兵が郯城県の賊を追っている。何の問題があるか！」

と叱り、あえて河を渡りました。朱成明もやむを得ず兵を率いてあとに従いました。

その先では、もはや逃れることができないと観念した王三が山を背にして待ち構えていました。彼らは攻勢に転じ、緑営の隊長にも負傷者が出たため、営兵たちは前に進めなくなりました。しかし、折しも管明育が壮丁数十名を連れて加勢したことで、形勢が逆転しました。

王可習は管明育の棍棒で額を殴られて捕まり、王三はその様子を見て腹を立て、息子を助けようとしたところで矢が胸に当たって転倒し、捕らえられました。

七月一日、王三親子を県城に連行し、夜通し取り調べを行いました。供述内容が李瑗のものと一致したため、明け方に調書を上司に提出しました。この夜、王三は矢傷が元で死にました。王三が死んだにもかかわらず、王一味の報復を恐れた県城の人々はパニックになっていましたが、

王三に関わった者たちが逃げ去ったことから、その心配は無用に終わりました。

緝捕

裁判の結果、王可習に対しては、

「その狂暴さは山犬や狼に勝り、悪辣さは檮杌《とうごつ》（伝説上の悪獣）に等しい。また多くの匪賊たちと結託して残虐をほしいままにした。官法を軽んじて人命を草のように見なし、わずかの間に何人もの者を手にかけた。その罪状は明らかであり、律によって全身切り刻みの刑に処しても文句はない」

と凌遅《りょうち》処死《しょし》刑を言い渡しました。一方、王三に対しては次なる判断を下しました。

「李東振一家の殺戮を指示した主犯である。殺人を教唆した者は斬刑に処することは律例で明らかである。ただこやつはすでに天誅を受けており、詮議無用とする」

私は果敢な行動をとってこの逮捕劇を成功裏に導くことができました。私を名官に挙げるいくつかの伝記にはこの事件のことが触れられています。郯城県の人々は私が一切の計画を外に漏らさず、巨魁を一朝にして捕まえたと称えます。その方法はほかでもありません。密と速にあっただけなのです。すなわち情報を外に漏らさない周到な配慮と機敏な行動によってこれが可能になったのです。これは我ながら自慢の武勇談といってよいでしょう。

斬刑

凌遅処死刑

七――土地争い

知県が行う裁判には刑事訴訟のほか、民事訴訟も少なからず含まれていました。日常裁かねばならない訴訟案件の大半はむしろ民事、なかでも不動産の所有権争いであったといっても過言ではありません。民衆は少しでも自分に有利な判決を勝ち取ろうとするあまり、事実を誇張し、あるいは故意に捻じ曲げ、自分の主張が正しいことを印象づけようとまくしたてます。

争う土地が自分のものだと主張する根拠には、人の証言のほか、その売買契約の証文や先祖代々の所有を裏づける族譜が利用されることもしばしばありました。しかし、これらの文書を偽造するのはさほど難しくなかったのです。なかには官に記録が残っていないことをよいことに、一〇〇年前の明代の文書を持ち出すようなこともあり、その真偽はますます怪しいものでした。

知県にとって、このような裁判に接し、法律の専門家である幕友や地元の土地情報に通じた胥吏から助言を受けることはやむを得なかったのですが、彼らが原告・被告と気脈を通じていない保証はなく、結局最終的には自分の判断に委ねるほかありませんでした。ただ判決は誰が見てもバランスの取れたものでなければなりません。第一、原告も被告も納得しなければ、裁判が繰り返されるだけでした。解決は経験を積み重ねて初めて容易になりました。

裁かねばならない案件は毎日膨大な数に上り、とても知県一人の手に負えるものではなかったのですが、皇帝の代理人が民の紛争を裁くという原則の下、それを貫くためにはいきおい「手抜き」をせねばなりません。知県の中には訴状の文面だけで事の是非を判断する者もいました。幕友の指示どおりに判決を出す者も少なくありませんでした。訴訟を起こす者たちのねらい目もそこにあったのです。

ただ知県が少し本気を出し、労を厭わず、県城を出て現地調査を試みさえすれば、すぐにその真偽が明らかになる場合が多々ありました。私は性格からいって、こうした民事案件においても恐らくは「騙されない知県」の一人だったと断言できます。もっとも、それを示す判決文はあまり残していません。『福恵全書』には審語と呼ばれる判決案のサンプルとして二つの土地争いの案件を載せました。

その一つは「孤を欺き産を呑み込まんとする事」と題するものです。劉《りゅう》邦奏《ほうそう》と劉《りゅう》芳第《ほうだい》は兄弟でしたが、劉芳第が死ぬと、劉邦奏は弟の妻である徐氏の面倒を見ることなく、弟の土地を占拠し、家を壊したため、徐氏は「後家を欺き土地を奪った」との訴えを起こしました。

近代以前の中国では女性の名前がそのまま書き留められることは滅多になく、実家の姓に氏をつけて呼ばれるのが一般的でした。徐氏とはつまり実家の徐姓から劉芳第に嫁いだ女性を意味します。
清代の女性の地位については記録を残した者が多かれ少なかれ儒教的イデオロギーに染まった知識人であったことから、その固定観念の下、男性に隷属するといったイメージが強いのですが、実際は必ずしもそうではなかったようです。ただそれでも、夫に先立たれた女性にとって周囲の見る目は冷たかったのです。若くして未亡人になり、子供がいなかった場合、義父母によって他家に売り飛ばされるかもしれません。実家もまたいったん嫁いだ娘の出戻りは歓迎しません。いくらか財産を引き継いでも子供が幼い場合には大きくなるまでその財産を守らねばなりません。しかし、それは狼たちの群れに投げ込まれた羊のようなものでした。

ここでは狼の一人として義兄である劉邦奏に登場してもらいましょう。弟が死ぬとその土地を狙って行動を起こしました。ところが、ここにはもう一人の狼、劉時《りゅうじ》遇《ぐう》が登場します。彼は徐氏に同情する振りをし、密かに徐氏を挑発して訴訟を起こさせたのですが、彼にとっても徐氏が管理する土地は魅力的であり、あわよくばその利に与ろうとしました。

訴えられた劉邦奏は自分のことを棚に上げて劉時遇に腹を立て、親戚の孟龍躍《もうりゅうやく》と共謀し、劉時遇が孟龍躍の養女を誘拐して家にかくまっているとして、今度は劉時遇を訴え、報復を企てました。ただよく調べてみると、孟龍躍の養女は小春花《しょうしゅんか》、劉時遇の家にいる幼女は別人の小秋《しょうしゅう》貴《き》でした。小秋貴は劉万思という男と婚約していました。孟龍躍が劉邦奏に力を貸したのは、昔のトラブルによる劉時遇への怨みから、愚かにも小秋貴の婚約を解消させようとしたのです。

私はこの裁判において、劉邦奏が徐氏の土地を占拠し、家を壊したことについてはその事実が明白であるとしましたが、劉邦奏がそれをみずから認めた上で土地を返還し、家屋を弁償する意向を示したため、「善を行い、過を補う」ものと見て、族長に命じて徐氏に返還させました。そして返還された土地は守るも売るも徐氏母子の自由にさせました。劉時遇らに対しては再び徐氏の財産を欲しがり劉邦奏に口実を与えてはならない旨を諭しました。劉邦奏には罰金五両を科して文廟修復の一助とし、劉時遇と孟龍躍は罰として穀三石を供出させ、災害時の備蓄としました。

もう一つは、ある土地を巡ってその所有権が頻繁に交替したために生じた「産《とち》を覇《うばいと》り、糧《ねんぐ》を累《わず》らわす事」と題する土地紛争でした。生員張行吉《ちょうこうきつ》の父親張成祖《ちょうせいそ》が買った土地四二畝は、以後、時には侯姓のものであり、また時には張姓のものであり、所有権が一定しませんでした。張成祖が死んだあと、侯洋《こうよう》は張行吉がまだ幼い時にその遺産を侵しました。大人になった張行吉は侯洋が死んだ日に兗州府の汶陽《ぶんよう》県に戻り、遺産の権利を求めて訴えを起こしました。

尋問した結果、侯洋の長男の侯加《こうか》禎《てい》らはなお順治四年（一六四七）の譲渡契約書を根拠に所有権を主張しましたが、巡撫耿焞《こうじゅん》公が順治十二年（一六五五）に下された裁断によって当時の知県張崇《ちょうすう》徳《とく》が捺印・発給した地券があり、順治四年のものは久しく無効になっていたことを彼らは知りませんでした。

ところが次男の侯加《こうか》兆《ちょう》の供述によれば、父侯洋は康熙三年（一六六四）にさらに前々知県である金煜《きんいく》に訴え、土地は侯姓に帰属したと主張しました。それを示す案巻は存在せず、侯加兆が提出した張小抜《ちょうしょうばつ》の譲渡証文だけでした。小抜とは行吉の幼名でした。しかし張行吉は自分が書いたものでないと供述しました。

調べてみると、張行吉は順治十四年(一六五七)にすでに生員になっており、証文を作成した時に幼名を書く必要がありません。さらに生員が数行の譲渡契約書を人に頼んで代筆させ、侯洋の悪だくみをみすみす甘受するはずがありません。したがってこの証文が偽物であることは疑いないのです。

私はこのような判断の下に順治十二年に耿巡撫が下された裁断が動かしがたいものと考え、すみやかに侯加兆らに対し土地を張姓に返還するよう命じたのでした。ただこの土地の所有権の帰属は複雑で、あれこれ言う者が跡を絶たなかったことから、侯姓側もこれに簡単に承服したとは思われません。

民事案件は大きな問題を含まないかぎり県段階の裁判で処理されることが多く、それだけ知県の判断は影響力を持っていましたが、原告・被告がその判決を不服と思ったならば、上級官署に訴えることができました。そうなると上級官署では再び県において調査を命じるため、その裁判は永遠に続く可能性がありました。この案件がその後どうなったのかは知る由もありません。

ちなみに吏役なり、盗賊なり、原告・被告なりに具体的な名前を挙げて記録した私の文章は知県時代の自分の成功談が多く、それゆえ具体的に実名を用いてこれに信憑性を持たせ、後進の知県たちに今後の参考にするよう仕向けたのですが、ここに紹介した審語に限っていえば、ごく平凡なものであって、お世辞にも〝名判決〟などといえるものではありません。なぜこれを模範例として選んだのかは自分でもよくわかりません。これらは「審語式」に収められたものであり、たぶん単なるサンプルとして挙げたまでで、その内容にまで配慮しなかっただけのことかもしれません。

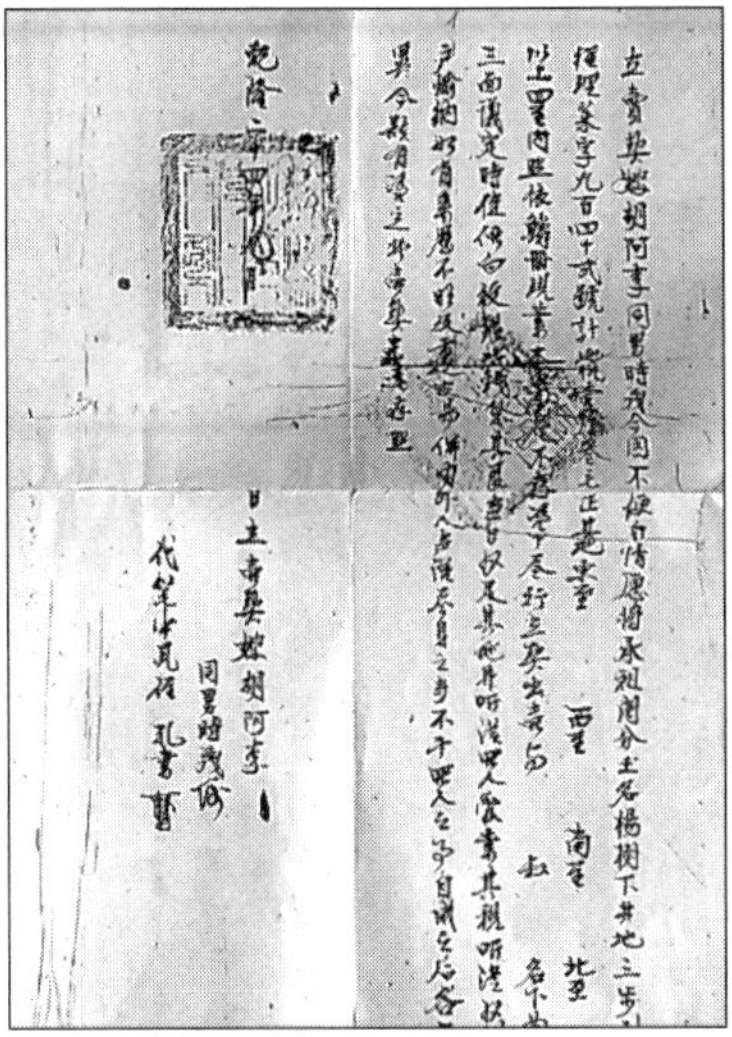
地券

八——疑獄

康熙十年（一六七一）の暮、県城から八キロメートルにある帰昌社《きしょう》で雪に埋もれた女性の変死体が見つかりました。ほどなくしてそれは同じ帰昌社に住む任某の妻の王氏だとわかりました。

任某は隣村に住む父親とともに隣人の高某が妻を殺害したとして訴え出ました。その時たまたま謝某という郯城県の者が布政使官署の吏役に就いたことで挨拶に来たので、私は一緒に食事をして最近の県の様子を尋ねました。謝某は、

「郷里の高某が任某の女房と姦通し、どういうわけかは知りませんが、殺したとのうわさが村中に伝わり、みな怒っております」

と語りました。私はうなずき、翌朝関係者の尋問に及びました。まず任某に、

「高某はその方の女房をなぜ殺したのか。亡骸はいまどこにあるのか？」

と尋ねました。任某は供述しました。

「私の住まいは高某と林一つ隔てた場所にあり、二人が行き来していたかどうか、いつも雇われ仕事で外に出かけていたのでよくわかりません。その日の晩、私は女房にズボン下を縫わせ、その後、火を消して寝てしまいました。ふと門が開く音がしたので出てみると、高某が刀を持っ

て女房のあとをつけ、高某の女房曹氏が自分の家の門口に立って明かりを灯して待ち構えておりました。私は殺されるかと思い、追いかけるのを止め、家に戻り門を閉じて寝てしまいました。夜が明けて外に出てみると、女房が林の横の空き地で死んでいました。そこで駆け戻って父親にこのことを告げ、早朝県に訴えた次第です」

「その方の女房はどういった殺され方をしたのか？」

「その時、まだ夜が明けておらずどのような殺され方をしたのかはよくわかりません。青天《ちけんさま》のご判断を求めるばかりです」

帰昌社の村役である地保も、任某の女房がどんな殺され方をしたのかわからないと証言しました。

次に高某が連れてこられると、私は憤然として、

「わしはもとよりその方の悪い評判を聞いている。その方は王氏と姦通し、その上になぜまた命を奪ったのか。本当のことを供述しなければ刑罰は免れないぞ」

と言いました。そして役卒に大夾棍と呼ばれる拷問刑具を持たせて侍らせました。

高某は次のように供述しました。

「私は生まれつき口が悪いので、人は腹を立て、私を憎みます。しかし私は悪人ではありません。任姓の住まいは私の家とさほど遠くありませんが、往き来はありません。その女房と姦通することなどあり得ましょうや。もっとも二か月前、村はずれに三官廟という廟があり、参拝に行

くと、その裏手に一人の女がいるのを見かけました。そこで廟を管理する道士に、「お前は神に仕える身なのにどうして女を家にかくまっているのか」となじると、道士は「これは村の任某の女房だよ。聞くところでは女は誰かと駆け落ちしたらしいが、任某が探し出して連れ戻そうとした。だが、女は家には戻ろうとせず、ここに身を隠したのだ。女も村の人間なので、追い出すわけにもゆくまい」と答えました。我々がこんな話をしている間にちょうど任某が廟にやってきて、道士に対し、「俺の女房がお前の廟にいると聞いた」と言いました。道士が「いかにも」と答えると、任某は怒って、「何とあきれた道士様か。俺の女房を廟に隠して、俺に知らせないとはな」と罵りました。そこで私は任某に、「お宅の女房がなぜ廟に来なけりゃならなかったのか。そんなことも知らいで、道士に言い訳させるつもりか」と口を挟みましたところ、任某は私に目を向け、「ならばお前が廟に隠したに違いない」と食って掛かりました。私はこれを聞いて、かっとなり、任某をひっぱたきました。任某は悪態をついて立ち去りましたので、私は道士を連れてその女房を帰昌社に送り届け、廟にいたわけを任某の父親に話しました。父親は我らに茶を出し、「このような淫婦はいかんともしがたい」と罵り、息子を呼んで引き渡しました。そこで我らは戻ってきた次第です。任某の女房が死んで、なぜ私が姦通した上で殺害したと言いがかりをつけるのか、まったくわかりません」

そこで父親を呼んで高某と道士が王氏を送り届けたことについて尋ねると、父親の供述もこれと一致しました。また高某の妻曹氏はこう述べました。

「うちの人はその晩、家で寝ておりました。私は台所で餅《ピン》を蒸していましたが、外でドラがなるのが聞こえ、慌てて出てみると、夜回りたちが門前で火に当たり、タバコを吸っておりました。任某の女房が死んだかどうか、どうして知りましょうや」

私は曹氏の言を聴き、その内容が高某の供述と一致したので、高夫婦を保釈し、代わりに任親子を収監しました。県の人々はこれを聞いてみな驚いてうわさしました。

「黄公はいつも清廉なのに、この度はどうしたことか。ひょっとすると高某が求める私情に屈したのだろうか？」

役所が引けると私は当日の夜回りたちに呼び出しをかけ、翌朝に出頭するように命じました。そして次の朝早く単騎で村に出かけました。任某の家に着くと、隣人を呼んで任某の部屋を案内させました。部屋には小さなカマドと寝ゴザがあるだけでしたが、寝ゴザの上に置かれた真新しい敷物には一筋の裂け目がありました。さらに寝床の横には、干乾びた糞の塊が転がっていました。

供の者はこれを見て、

「ここらの貧しい者たちは牛やロバの糞を飯炊きの燃料に使うので、これはその残りでしょう」

と言いましたが、どうも怪しいと感じ、供の者に命じて地面に穴を掘らせて糞を入れ、隣から熱湯を借りてこれに注ぎかけさせました。供の者は臭いをかいで思わず鼻を塞いで叫びました。

「こりゃ人のクソだ！」

その時、一〇歳くらいの女の子が門口で様子を見ていましたが、私が何者なのか知りませんでした。そこで私は尋ねました。

「お前は任某の隣の子か？」

「そうです。おばさんはなぜ死んだのですか。おばさんは前の晩に戻ってきておじさんに縫いものをしてあげていましたが、しばらくすると、なぜだかわかりませんが、喧嘩を始めました。ただ私らはすぐ寝てしまいました」

しばらくすると、地保が夜回りたちを連れてきたので、地保に尋ねました。

「遺体はどこにあるのか？」

「ここがその仮埋めの場所です」

そこで掘り出すよう命じました。

時は厳寒の季節、雪が残り、遺体は生きているかのようでした。上には藍染めのあわせが、下には白い単衣のズボン、両足は赤い布靴を履いたままでした。そこで村の穏婆に命じて傷があるかどうかを調べさせました。よく見ると、喉の左右に指先くらいの大きさのあざがあり、さらに下腹部にも盃くらいの大きさのあざのあることがわかりました。

検屍が終わり、しばし休憩すると、夜回りたちに尋問しました。

彼らはみな述べました。

「その晩私どもは当番でした。高某の門前は風がないので焚火《たきび》にちょうどよかったのです。三更になると、林の中で人の気配がし、犬が吠えるのを聞きました。私どもは盗賊かと思い、ドラを鳴らして警戒しました。高某のかみさんがこれを聞きつけ、門を開けて尋ねてきましたが、一

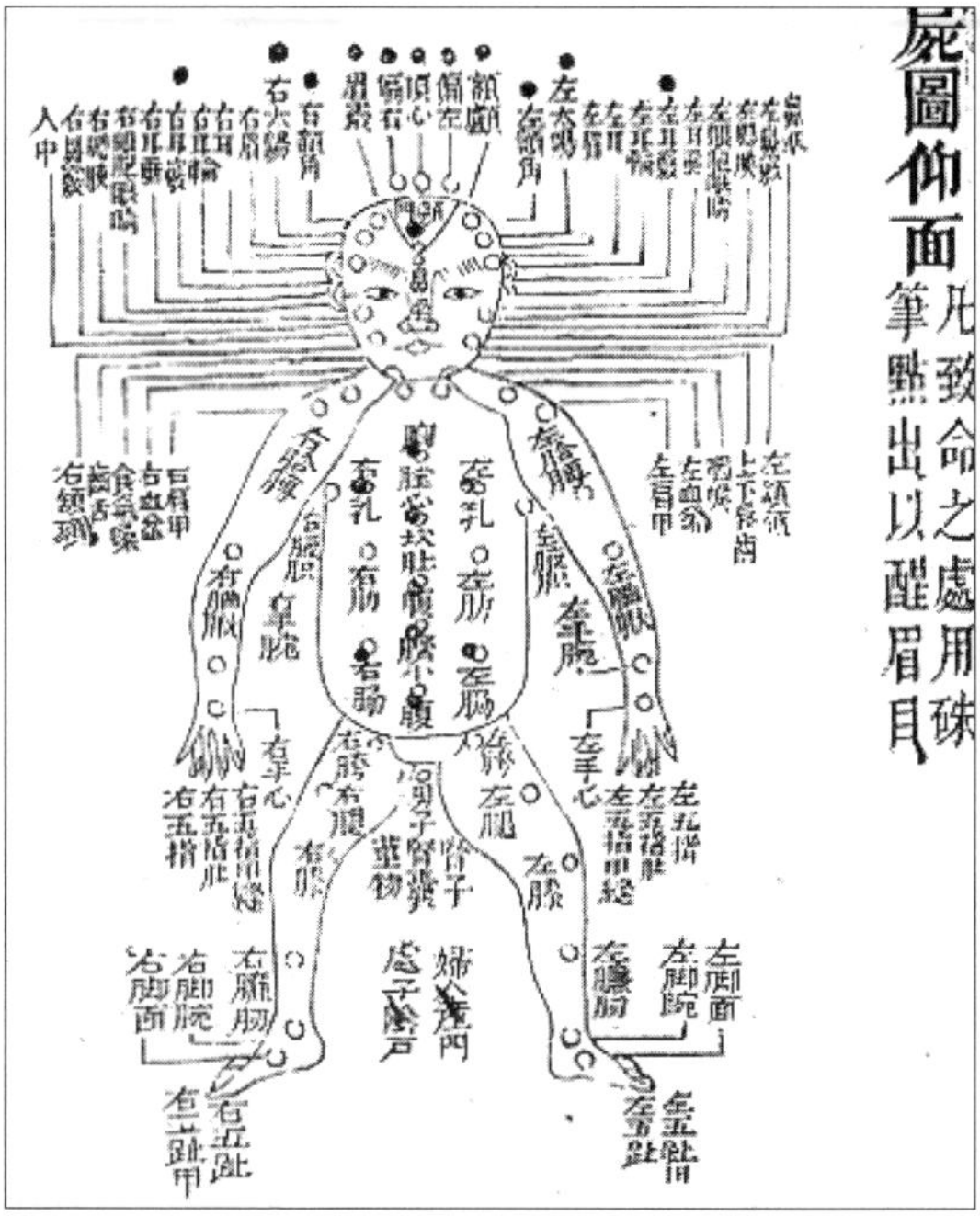

検屍図

穏婆による女屍検証

声かけるとすぐに中に入ってしまいました。私どもは五更にはみな解散しましたので、任家で人が殺されたことについてはまったく知りませんでした」

私は県署に戻ると、一人の召使の子供に対し、夜に城隍廟の裏に密かに隠れ、任親子がどんな話をするか盗み聞きするよう命じました。そしてその夜、任親子を城隍廟の大殿に連れていき、鉄の鎖で大殿の左右の柱に繋ぎました。そして私は香を焚き、祈禱しました。

「神は昨夜我に告ぐ。任姓の妻の死ぬる情由はすでに知悉せり。ただその死する時の情景、我なおことごとくは明らかならず。願わくば、神、詳らかにしてもって我に示さんことを」

そしてさらに数語を唱えて身を起こし、任親子に神の前で懺悔するよう諭して、彼らを残して立ち去りました。

夜が明けて任親子を牢に戻した上で廟の裏に潜ませていた子供にその後の親子の様子を尋ねると、子供はこう告げました。

「『お前の女房はなぜ死んだのか？　県主《ちけんさま》はもとより聡明なのに、どうして高某の肩だけを持たれるのか』と父親は息子にしきりに尋ねましたが、息子は答えようとはしませんでした。ただ手で胸を叩いて嘆き、『みんな私が悪いのです』と言うだけで、高某については一言も触れませんでした」

私はこれを聞いてみずからの推理が正しいと確信し、任某を呼び出して慰めました。

「王氏を殺したのはその方じゃな。なぜ高某を誣告したのか。だが、高某はみずからの強さを恃んでその方を平手打ちにした。どうして罪がないものか。その方の女房は婦道を守らず、家を辱めたのだから、その方が殺すのも無理はない」

任某はこの言葉を聞いて叩頭しましたが、叩頭するばかりで白状しませんでした。そこで私は自分が推理した内容を任某に伝えました。

「その方が話さなくても、神はすべてをわしに告げた。その方の代わりに言ってやろう。その方は父親から女房を引き取って帰ったが、その時すでに殺す気があった。その夜、女房はその方のためにズボン下を縫ったが、その方がなお罵ったので、縫いものを放り出して寝てしまった。その方は女房が熟睡したのに乗じて、左肘で腹を押さえ、右手を喉に回して声を上げないようにしたため、女房は抵抗できずに両足を突っ張るだけだった。息が絶えると、その方は死体を担いで高某の門口に置き、図頼することで三官廟において叩かれた恨みを晴らそうとした。しかし林の中で犬が吠えるのを聞き、夜回りたちが盗賊だと思ってドラを鳴らしたので、その方は恐れ、死体を道端に放り出して家に戻ってしまった。そうではないか？」

任某は大いに驚いて叩頭し、

「ははあ、公《ちけんさま》はまさに神です。何の言葉もありません」

と言い、事件の状況を逐一自供しました。それは私の推理と一致しました。

次に父親を呼び出し、

「これはその方のせがれの仕業であり、その方はそれを知らなかった。ただせがれについては

殺人で誣告したからには、反坐、すなわち殺人と同様の罪に当たり、大目に見ることはできぬ」と述べました。父親は叩頭して、

「息子のやったことは確かに死罪に当たります。ただ私は七〇歳になり、ほかに息子がいません。息子にも跡継ぎがなく、息子が死ぬと、任姓が途絶えてしまいます」

と息子の救命を嘆願しました。

そこで私は父親の訴えを認め、法で裁くことはせず、重い叩きに加えて枷《かせ》をはめる刑罰で済ませる旨を府に申請しました。

一方、高某については、こう命じました。

「みずからの強さを恃んで任某を叩き、その恨みで誣告されたことから、これに原因がないわけではない。しかも王氏には金がなくて納棺することもできない。だからその方の名の下に銀二〇両を出し、亭主の任某に与え、棺を備えて埋葬してその霊を慰めよ」

後日、ある人が私に尋ねました。

「君は任某の妻が高某に殺されたのでないことを何でわかったのか。またなぜ高某には刑を加えず、任親子を収監したのか。王氏が亭主に殺されたことを君が知っていたのは明らかだ。神がすべてを告げるなど、あり得ん」

私はこの点を次のように説明しました。

「最初に謝某の言を聴き、高某が殺したに違いないと思いました。それゆえ尋問に及び、拷問

具で恐れさせ、自供に導くようにしました。ところが高某は臆せずに語り、恐れる気配がありません。そこでようやくこれは道理に合わない措置だと悟りました。曹氏の供述を聴き、その一つひとつが信じられるものだったので、高某はこの事件と無関係だとわかりました。そして亭主が

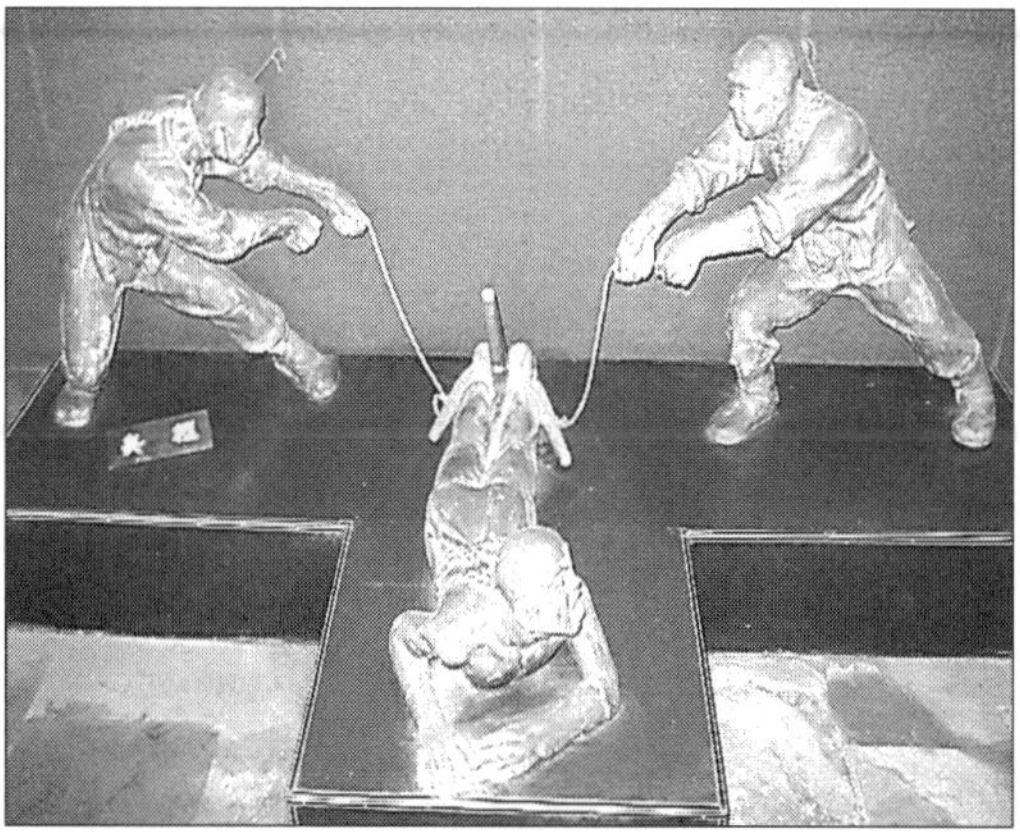

夾棍

枷刑

その犯人だと思ったのですが、当初は確証がありませんでした。任某の家を検分し、検屍した結果、王氏が喉と腹を圧迫されて死んだのが明らかになりました。そうでなければ新しい敷物に裂け目などできません。人糞は汚いものなので、腹を押されて脱糞でもしないかぎり寝床のそばに転がっているはずがありません。任某は高某が王氏のあとをつけたと供述しましたが、王氏が履いていた靴は寝る時のもので、ましてや靴底には土がついていませんでした。夫が死体を運んだのは明らかです。高某の門に死体を置こうとして途中で諦め、死体を捨てて逃げたことは、残された死体の足が向く方向からもわかりました。私はこれらの点から事件の真相に確信を持ちましたが、任某だけを糾問すると、絶対承服しないでしょうし、ましてや刑を施せば、一方的になり、世論を納得させることができません。そこでやむを得ず神に頼り、神の恐ろしさを知らしめて申し開きさせないようにしました。父親が事情を知らないことはその夜城隍廟で息子に尋ねたその一言でわかりました」

郯城県の人々は私が殺人事件の処理において入念に事を運んでいたことを、初めて深く知ったのでした。

以上は私自身が記録した事件の概要です。手前味噌ですが、これは周到な考えを抜きにしてはとうていその真相にたどり着けない難事件だったといえるでしょう。その私をもってしても一歩間違えば無実の者を罪に落としかねないのが冤罪事件処理の難しさなのです。

ちなみにこの事件の解決に関して、みなさんにはいろいろ興味深いことがあるかと思います。

まず城隍廟を犯人の自白に利用している点ではないでしょうか。廟に祀られている神は冥界の裁判を司る者とされ、あの世の存在を信じる当時の人々は現世で罪を悔い改めねば、死後どんな報いが来るかと本気で恐れていました。県ではしばしばこの場所が使われ、なかには神の声色を

城隍神の冥界裁判

使って犯人を自白させるようなこともありました。

次に、任某に対して殺人を犯したにもかかわらず、その罪を問うていない点です。清律には「およそ妻妾が人と姦通して、本夫が姦通の現場でみずから姦夫・姦婦を捕らえ、その時に殺したならば、罪を論じない」という一文があります。この事件の場合、そのとおりでないにしても他人と駆け落ちした妻を任某が殺したという状況の下で、私はこの律文を考慮した次第です。さらにこれだけではありません。任某は高某を誣告したのですが、この罪についても枷つきとはいえ杖罪(叩き)を科すだけで済ませました。その理由として私は父親の高齢に加え、息子が死ぬと家系が途絶えることに対する配慮を挙げています。伝統的な中国社会にあっては、家系の断絶は最も深刻な問題であり、量刑の判断に大きな影響を及ぼしたのです。

現代のみなさんには理解しがたい感覚かもしれませんが、少なくとも私の裁きは当時の価値基準においてみなから称賛されるものなのでした。

第六章

その後の人生

褒め殺し
ことさらに徳政牌匾を作り、
以て之れを嘲る者有り。

一――勤務評定

官僚はみな三年ごとに行われる勤務評定を受けねばなりません。中央官僚の場合は京察といい、地方官僚の場合は大計といいました。

京察は各中央官庁の上司が部下の勤務状況を査定して吏部に報告しました。その際には、「守」（勤務態度）、「才」（執務能力）、「政」（政務状況）、「年」（年齢体力）の四つの要素においてそれぞれ二～三ランクの評価がつけられ、総合査定によって称職（職に適している）、勤職（職に勤めている）、供職（職に供している）の三ランクに分けられました。

一方、大計でも同様に各地方官庁の上司が部下の勤務状況を査定しましたが、知府以下の官僚に対してはとりわけ布政使の意見が大きく反映されたようです。それぞれの上司は部下の勤務評定を上に伝え、督撫の最終的な確認を経て吏部に報告しました。そのうちきわめて評価の高かった官僚は卓異《たくい》と称されて特別の昇格対象になりました。

卓異になった同時期の官僚では例の清官于成龍が最も有名でした。康熙六年（一六六七）に広西省羅城《らじょう》県での知県の業績が高く評価されて推挙され、四川省合州《ごうしゅう》知州を皮切りに、瞬く間に昇進を重ね、最終的には江蘇・安徽・江西の三省を統轄する両江総督の位にまで昇りつめました。彼は何と三度も卓異に評されたとのことです。

彼が羅城県の知県であった時、三藩の乱が起こり、討伐命令の出ていた反乱軍の劉君孚《りゅうくんふ》に対して単騎でもって説得を試み、数千の兵を降伏させせました。于成龍は行政手腕のみならず、民衆

于成龍の単騎説得

にも慕われたエピソードを多く残しており、卓異にふさわしい人物だったといえましょう。

ただ勤務評定はこのようにプラスのことばかりではありません。反対にマイナスの評価を受けるとバラ色の官僚人生が一変しました。それには不謹（不真面目）、罷軟無為《ひなんむい》（無気力）、浮躁（軽率）、才力不及（能力不足）、年老（高齢）、有疾（病弱）の六ランクがあり、このうち不謹か罷軟無為と判定されるとクビになりました。また、浮躁と才力不及では程度に応じて降級処分を受けました。さらに年老と有疾の場合は退職勧告に至りました。

清朝の官僚には定年退職の規定がなかったため、なかにはそのポストに恋々とする者がいたからです。ただし、勧告に従って本人の意思で自主退職を求めた場合には現職時の俸給が受けられ、官秩をそのまま保持することが許されるなどの優遇措置を受けられました。

官僚はこのような定期的に実施された勤務評定のほか、平時においても賞罰が与えられました。賞の方は議叙といい、紀録と加級の二つがありました。紀録はその功績が記録に留められ、三度以上になると加級、つまり昇級を受けました。

反対に罰の方は、罰俸、降級、革職の三つがありました。罰俸は文字通り減俸をいい、期間は二年以下、程度に応じて七等に分かれていました。降級には降級留用と降級調用の二種類があり、前者は品級を下げた上で元の職に留まるもの、後者は配置換えになるもので、前者の場合はその後の態度によって挽回の余地がありました。最後の革職は免職を意味し、一切の官位が剝奪されました。ただし革職留用の場合は降級留用と同様に挽回の余地がありました。

中国特有の官制に官僚を監察する専門の部署が設けられていました。官僚とは不正行為をするるものだという観念を前提として、それを捜査し摘発する役割を担っていたのです。

乾隆期の湖南省に二人の知県がいました。彼らは上司である巡撫の腹心であることを恃みとして税を好き放題取り立てていましたが、道台がこれを疑い、郷民になりすましてその証拠を押さえたため、ともに弾劾されました。こんなことはしばしばだったため知県も警戒を怠れませんでした。

いずれにせよ、知県にとって順風な官僚人生を送るためには大計において高い評価を得られないまでもマイナス評価を何とか免れ、弾劾されないことはもちろん、平時においても処分を受けないようにしなければなりませんでした。そのためには徴税と裁判の二大業務を無難にこなし、あえて危険を冒すようなシャカリキ行動は極力控えて、三年程度の在任期間を万事そつなくこなすことが肝心だったのです。

私の場合、まあいろいろ無謀な冒険を試み、時には危ない橋を渡ることも多々ありましたが、運にも恵まれて郯城県の知県の職を勤め続けることができました。そんな折、郯城県に赴任して二年あまりした康熙十一年(一六七二)に私が養子となった家で義父の黄国琦が病死しました。

清朝の規定によれば、官僚が父母の死に遭った時にはただちに上司に報告し、現在の職を辞し、郷里に帰って三年間、実質的には二七か月の間ひたすら喪に服さねばなりません。これを丁《てい》憂《ゆう》といいました。義理の父とはいえ、その家督を継いだため、この規定は実父の場合と同様に適用されました。

中国の官僚は民に対して率先して孝の道を実践しなければならないというのがこの規定の本来の趣旨なのでしょうが、重要な案件に関わっていながらこのために突然現職を離任せざるを得なくなるのは問題でした。しかも二年以上の長期に及ぶ服喪の間は蟄居《ちっきょ》を強いられ、一切の活動ができないのは合理性を欠きました。

なかには何とか離職しないで済ませようとする者もいたようですが、逆に処分の対象となってしまいました。かの有名な明代の宰相張居正《ちょうきょせい》でさえ父親が亡くなったにもかかわらず帰郷せず北京に留まったことが死後批判され、官位剥奪・家産没収の憂き目に遭ったくらいです。

私は張居正ほど偉くありませんでしたし、第一に郯城県の知県など、私が辞めても余人をもっていくらでも代えられるポストでした。最初の赴任地であり、自分の思う政治が実践できているという意味では郯城県で知県をもう少し続けたい気持ちがないわけではありませんでしたが、あえてその職に執着する理由はなかったのでした。

この結果、私は郯城県を去ることになりました。『詩経』には「初め有らざることなし。克《よ》く終わり有ること鮮《すく》なし(何事でも、初めはともかくやっていくが、それを終わりまでまっとうする者は少ない)」という言葉があります。私と同時期の人物で、官箴書『未信編《みしんへん》』を著わした潘杓燦《はんしゃくさん》はこれを引用して、知県の任を離れる時の大切さを述べています。すなわち、晩節をまっとうするのは難しく、勤めをやり遂げて気を抜くことで、怠慢や驕慢が生じ、そうなれば九仭《きゅうじん》の功を一簣《き》に虧《か》くことになると言い、とりわけ大事なのは、「前もって心して備えを怠らず、後日の思いを心に留めることだ」と忠告しています。

官箴書の多くは「最初が肝心」と述べています。それはそれで難しいのですが、終わりを無難に収めることもなかなか容易ではありません。官僚としての志をいつも怠っていると、離任の際にその誹りを多く受けることになるものです。

私は離任に当たって先達の教えに従い、いろいろ配慮を怠りませんでしたが、その際の経験を通して感じた離任時に心掛けるべき諸点について以下に触れることにしましょう。

張居正

二――離任の心得

私は『福恵全書』の中で知県の赴任時の心得と同様に離任時の心得についても一章を割き、一般論として次のように述べています。

そもそも知県たる者は終日業務に追われ、ただ自分の才のみを恃んでそれを切り盛りするだけで、善後措置について思いをめぐらす余裕がないものだ。しかし、幸いにも昇進して離任の日が来たからには、夜来静かに胸に手を当て、どのようなことでこの土地に福をもたらしてきたか、どのような人に恵を施してきたかを自問せよ。

福をいまだもたらさず、恵をいまだ施さず、罪作りなことが多く、怨まれることが多ければ、悪い輩の中には離任の際に取り沙汰する者が出てくる。

その土地に知県として赴任した者は、これまでの成果の不十分さを挽回することが難しいにしても、離任するいまを何とか取り繕うことはできる。徴税や裁判など自分に求められるものは少しも欠略を残してはならない。事柄が紳士や吏役などに及ぶものはとりわけ注意深く対処せよ。そうすれば立ち去ったあと、むしろ好印象を残すことになる。そのためにも立つ鳥跡を濁してはならないのである。

要するに、知県たる者は離任の時にも評価を下げることなく、有終の美を飾ることが官僚人生において大事だということです。

税務の清算、受渡帳の作成、倉庫備蓄の点検、未決事件の処理など、これまで携わってきた業務を再確認して、あとくされない状況にすることは離任する者が怠ってはならないことでしたが、ここでさらに重要なのはこれまで付き合ってきた人物たちへの去り際の対応でした。

上司に対しては、亡父に接するように謙虚な態度で別れを告げねばなりません。離任すれば関係がなくなるからといって粗略にしてよいわけではありません。とくに直接面会する時の礼節や作法についてはこれまでのしきたりに従って丁寧に行うことが肝要です。いつどこで再び関係が復活するともかぎりませんし、その上司が今後の別の上司と親交がある場合だってあり得ることです。官僚の世界は意外と狭いものです。だから別れ際にうかつにも礼を失する態度で臨み、上司の機嫌を損なえば終わりをまっとうしないことになるのです。

新しく就任してくる知県に対しては清廉で知られた春秋楚の宰相闘穀於菟《とうこうおと》にならって業務の引き継ぎを綺麗にしなければなりません。その際には新任者に対しても謙虚な態度で接するべきです。

あとのことは知ったことではないと考え、引き継ぎをいい加減にすれば、新任者は心にわだかまりを抱き、前任者がいなくなれば、その旧悪をほじくり返すことだってあるのです。長い在任の間には誰だって一つや二つ汚点があるでしょう。その摘発を防ぐ意味でも、新旧の知県が協調して任務の引き継ぎを円滑に済ませた方がよいのです。

吏役に対する配慮も欠かしてはなりません。知県が離任する際、個人的に雇っていた幕友や長随は同時にその職を解かれるのですが、知県に雇われているわけでない吏役に関してはそのままポストに留まり、任務を継続するのが常でした。吏役の中にはそれまで手玉に取ってきた知県が去ることを残念に思う者、反対に抑圧を受けてきた知県が去ることに歓喜する者など、それぞれの知県の対応によっていろいろでしたが、以後縁がなくなる知県個人に関心を示すことはさほどありませんでした。しかし、そんな吏役に対しても良好な関係をそのまま維持するに越したことはなかったのです。

知県が官署を去る時、それまで使っていた家具調度の類はすべて破棄するのが慣例でしたが、そんなことをするくらいなら、それらを吏役たちに対し功績に応じて均しく賞給する方がよいのです。それは一つには彼らの労に酬いるためであり、一つにはこの者たちに離任ののちに恩を受けたと思わせるための有効な措置になりました。

郷紳に対しては別な対応が必要でした。そもそも郷紳は在任中、長い時間にわたって交際してきた人々であり、しばしば季節の礼物を受けてきました。離任に当たっては当然身分の上下、付き合いの厚薄に応じて別れの挨拶を述べ、礼房に命じて本地の郷紳、現職の中央・地方の官僚、一時帰郷している官僚、および挙人や貢生、生員などで常々交際のあった人々を調べさせ、挨拶状を自宅に送らねばなりません。さらに宅内の交際名簿を詳しく調べてそれぞれに応じた返礼品を用意させなければなりません。郷紳はその土地の名士であるばかりか、中央政界にも太いパイプを持つ者もおり、彼らとの人間関係を円滑に保ち続ければ、今後何かと役立つかもしれません。

要するに、ここでもまた知県の政務執行に当たって大きな影響力を持ち、ゆえに良好な関係を構築しなければならなかった官僚、吏役、紳士の三大カテゴリーに対して最後の詰めを誤らず、「立つ鳥跡を濁さず」が大切だったのです。

では、もう一つのカテゴリーである人民に対してはどうであるべきだったのでしょうか。前三者以上に統治した地域住民からの評判はやはり気になるものでした。

私は先に「どのようなことで土地に福をもたらしてきたか、どのような人に恵を施してきたかを自問せよ」と述べました。『福恵全書』の書名に福と恵を盛り込んだのも、これらの実践を重視したからです。しかしその一方で、福と恵とをいまだ実現せず、怨まれることが多ければ、悪者たちが批判を起こすことになってしまうのであり、その成果の良し悪しによる民衆の評価がことのほか心配でした。

何でも直接耳にした話によれば、ある不肖の知県が離任しようとしたところ、地域住民が彼に恨みを抱き、城門を閉じて行かせないようにした事件があったそうです。さらに住民たちは街を騒がせ、知県の夫人の服を剥ぎ取り、駕籠かきや従者を殴ったとのことです。知県たる者、このような状況になるのを恥じないでおられましょうか。

この点では汪輝祖もまたその思いを以下のように述べています。

官職に就いている時はへつらいの言葉がないことよりもいさめの言葉がないことを気にかけるものである。民がもし恨みを抱いていても、すぐには耳に入ってこない。しかし離任する時になってその賢否はたちどころに判明する。民から恋惜の声が起これば賢吏である。いやしくも賢でなければ、道行く者たちは喜び、栄転といえども民の悪口を防ぐことはできない。ほかの理由で離任するなら、罵りの言がこれに伴う。交代に時間がかかる場合、宿を貸す者もいなくなってしまう。それゆえまだ現職であるうちに、いつか離任の日が来ることを時々念頭に置けば、自然と民に恨みを買うようなことはなくなるものだ。

言うなれば、これは日本の中学や高校の卒業式の日にしばしばあった「お礼参り」のようなもので、日ごろから恨みを買っていた教師が卒業生から仕返しされるのに似ています。地位にあぐらをかき、民に対して一片の情も示さず、搾り取ることだけ考えていた知県には離任の日にツケが回ることになります。穏やかに任地を離れることができれば、それはそれでよしとしなければならなかったのです。

三―――離任時のパフォーマンス

それでも私は「攀轅臥《はんえんが》轍《てつ》とまではいかないまでも、我が民が借寇《しゃくこう》の求を行うことを望むか、あるいは窒戸《ちっこ》壊磚《かいせん》の誹りを何とか免れること」についついこだわりました。何のことか、さっぱりわからんですって？　ならば一つずつ説明しましょう。

地域住民に望むべき理想行動として挙げた「攀轅臥轍」とは、文字通り解釈すれば「車の轅《ながえ》に攀《すが》り車の轍《わだち》に臥すこと」になります。「攀轅扣馬《はんえんこうば》」、すなわち「車の轅に攀り馬を扣《とど》める」も同じ意味で用いられる成語です。「轅」とは馬車の前方に長く出た馬に繋ぐ二本の棒で、「攀轅」はそれを抑えて馬車の進行を妨害すること、「臥轍」とは車輪の前に寝そべり、同じく離任に臨む官僚を必死で引き留めようとする行為を意味しました。ちなみに『後漢書』にはその成語の起源となった後漢時代の地方官の事績が多く記録されています。

たとえば陝西咸陽《かんよう》の東、長陵《ちょうりょう》の人で会稽《かいけい》郡の太守（長官）であった第五《だいご》倫《りん》は二千石の高官でありながら、自分で馬草を切って馬を飼い、妻は自分で飯を炊き、禄米はほとんど貧民に与え、さらに鬼神の名にかりて民を脅す巫女や神主を厳しく取り調べ、人民を安んじたといいます。その彼が法に触れ、都に召喚される時の様子が次のように描かれています。

老幼は第五倫の車にすがり、馬の首を叩き、泣き叫びながら付き従った。そのため馬車は一日数里しか進むことができなかった。第五倫はそこで宿場の旅舎に泊まるふりをして船でこっそり立ち去った。民衆がそれを知ると、またあとを追う。取り調べの役所に出向いた時には上書するために宮門を占拠した会稽の吏民の数が千余人にもなった。

このほか合浦《ごうほ》の太守孟嘗《もうしょう》が召喚される際、吏民たちが車にすがって供をすると願ったこと、淮平《わいへい》の太守侯覇《こうは》が更始帝《こうしてい》に召喚される際、民衆が老いも若きも手を取り合って号泣し、使者の車の行く手を遮り、道に寝転ぶ者が現れたこと、東平陵《とうへいりょう》の県令劉寵《りゅうちょう》が母親の病気で離任する際、民衆が出発を見送ろうとして道を塞いだため、車は進むことができなかったこと、潁川《えいせん》の太守銚期《ちょうき》が出発を促されると民衆が大声で叫んで道路をふさいだため通れなくなったことなど、似たような内容の多くはなぜか後漢時代の模範官僚のエピソードとして描かれている気がします。そしてこの話は後世に受け継がれ、以後民衆が長官の留任を願って立ち去るのを引き止めることの成語として定着したものと思われます。

次に「借寇」とは、後漢の光武帝《こうぶてい》に仕えて河内《かだい》を平定した寇恂《こうじゅん》の離任の際のエピソードに基づいています。いま一度、『後漢書』の寇恂の伝記を見ると、次のように記録されています。

寇恂が潁川《えいせん》に到ると、盗賊はことごとく降伏した。しかし、彼がついに郡に留まらないことになると、民衆たちは道を遮り、「願わくはまた寇君を借りたきこと一年」と叫んだ。

ここでもまた地域住民が道を遮り、寇恂の暫定的慰留を朝廷に求めたことを示しています。「借寇」もまた以後善政を行った地方官が離任する際に民衆が慰留する、ないしは思慕する行動の

轅に攀る

典故になったそうです。これらの記事はすべて『後漢書』という正史に記録されたものであり、ひとまずは史実として理解しておきましょう。

他方、「窒戸壊磚」とは何でしょうか。『洛陽伽藍記《らくようがらんき》』という本によれば、山東の青州《せいしゅう》には「かわら」繋がりで「懐甎《かいせん》」という言葉があるそうです。「太守が任地に来ると、地域住民はみな甎《かわら》を懐に入れ、叩首して歓迎の意を表わしはするが、任期を終えて帰る段になると、その甎で殴り掛かる」ことを意味し、民情の浅薄さを示すものと理解されてきたようですが、同書には、

太傅李延実《たいふりえんじつ》なる者は荘帝《そうてい》の舅である。永安中、青州刺史に除せられた。出発の挨拶に行くと、帝は李延実に「懐甎という青州の土地柄は世間では治めにくい所だといわれています。舅殿には十分用心していただきたい」と語った。

とあり、「風俗薄悪」の力点は民衆が地方官を批判する慣行にあったと見てよいでしょう。私がいう「窒戸壊磚」とは民衆が戸を立て掛けて磚を壊すことで、懐に入れた甎で殴り掛かるのと同様、離任する地方官を暗に批判する行為を意味しました。それは「攀轅臥轍」とは正反対の行動でした。

したがって私が思う地方官の辞任の際の理想的なあり方とは、噛み砕いて言えば、「知県が離任するに当たっては民衆が離任阻止行動に出ないまでも、在任中の治績を批判せず、しばしの留任願いを出してくれれば、それでよしとしなければならない」といったところです。

ちなみに于成龍が合州の知州を拝命し、羅城県を離れる際、羅城の民衆は道を遮って数百里にわたり泣き叫んだとのことです。私自身においては、義父の死により郯城県の知県を離れるに当たって、年寄りや子供たちが攀轅臥轍しただけでなく、三班六房の各部局の吏役たちもまた涙を流して泣き叫んでくれたことは言うまでもありません。

民衆が車の轅にすがったり轍に寝そべったりして留任を求める姿は、官僚の間でも案外人気があったと見え、後世にまで廃れることなく受け継がれました。清代には善政を布いた地方官が離

第五倫

寇恂

任する際の望むべき理想の情景として定着したのでしょう。地方官の心の中にも「父母の官」とはかくありたいとする共通した願望があったと思います。

ただし、用心しなければならないのは、こうしたパフォーマンスを受けたからといって民衆が必ずしも心からこんな行動に出ているとは限らなかったことです。地域に利益をもたらした地方官を単に慰留するなら、まあそれはあり得るにしても、車の轅にすがりつき轍に寝そべるといったわざとらしい行為は、どことなく芝居がかっており、しかも時代や地域を超えたある種のステレオタイプを感じないわけにはいきません。

これに関連して「菊豆」という中国映画を思い出しました。染物屋の老主人が不慮の死を遂げた時、若い妻と甥はその葬儀に白装束を身にまとい、死者があの世に逝くのをへとへとになるまで食い止めようとするシーンが印象的に描かれています。実は妻と甥とは不倫関係にあり、老主人が死んだことをこれ幸いに感じていました。にもかかわらず、葬儀ではそうしたパフォーマンスを進んで行わざるを得ませんでした。これも攀轅臥轍に相通じるところがあるのではないでしょうか。

そこで以下地域住民たちがどのような心理によってそうした慰留行動に出たのかを検討してみたいと思います。

康熙年間に浙江省嘉興《かこう》府の知府を務めた盧崇興《ろすうこう》が離任する際、嘉興府だけでなく隣接する湖《こ》州《しゅう》と杭州《こうしゅう》の両府の紳士から庶民に及ぶ地域住民連名の上申書が出されました。それは住民の立場

から盧崇興の業績を讃えたものであり、そこではまず、

切に思いますに、我らを生む者は父母であり、我らを治める者もまた父母です。その意味で知府様は祖父母です。我らは地元に暮らし、しばしば災厄に遭ってきましたが、盧知府様は我々の苦痛を理解し、撫育に努められ、天地の及ぶところあまねく恩恵を施してくださいました。

と述べ、盧崇興の知府としての評価について、徴税に温情を加えたこと、漕運の弊害を改めたこと、訴訟を抑制したことなど、地域に利益をもたらした業績を一〇か条にわたって列挙し、その治政を賛美しています。ただ、さらに続いてこんなことに話を展開させています。

盧知府様がもし他省に栄転されるのであれば、嘉興府には現在糧米を北京に運ぶ時期が迫り、胥吏の弊害が再び起きないかが心配です。我らに借寇が許されないなら、この兵戈のあとにあって郷民はなお搾取を受けることになるでしょう。幸いにも憲天大老爺《とくぶかっか》におかれましては、常に人事を念頭に置かれ、関係各部を督励してその能力を調べさせておいでです。いま盧知府様にはこのように十分な実績がございました。我らは閣下に我らの意を察していただくべくこの千里の道を匍匐《ほふく》して、あえて意見を申し述べに参りました。どうか我らの思い

に従って欠員を補っていただけることをお願いいたします。

この上申書をよく読んでみると、長い文章で綴った盧崇興への賛辞もさることながら、むしろそれにかこつけて督撫に対し後任として盧崇興に劣る人物を選ぶことのないように三府連名の形で圧力をかけたと見ることもできます。

地域住民が地方官の治績を顕彰する行動はこのような上申だけに留まらず、さらに形に残るものとして徳政碑《とくせいひ》を建てたり、万民傘《ばんみんさん》を贈ったりすることでエスカレートする場合がままありました。前者は赴任地の住民が地方官の治績を石に刻んで半永久的にその記録を残すことに狙いがありました。後者は同じく赴任地の住民が地方官の徳政を称揚して贈呈者の氏名を刺繍した傘を贈ることで、この地方官が住民に福をもたらし、風雨を遮る傘の役割をしたことを示すものでした。

四――徳政顕彰の実態

徳政を顕彰することは地方官の歴史とともに古くから始まった習慣であり、長い間守られてきました。清末に上海で発行された絵入り新聞『点石斎画報《てんせきさいがほう》』には、清末では珍しくなった地域住民の地方官慰留行動として、福建省海澄県の知県何准浦《かわいほ》が離任する際に見送りの住民で溢れたことを伝えています。「民の父母」たらんことを標榜《かいちょう》する地方官にとって、その離任の際にこのような上申書の提出や徳政碑の建立、万民傘の贈呈を地域住民が進んでやってくれることは必ずしも迷惑でなかったといってよいでしょう。ただ、こうした行為にもまた別の面が潜んでいたことは見逃せない事実でした。同じく『点石斎画報』には次のような話が掲載されています。

ある官僚が着任して一月も経たないのに、街中の家々には「官清民安(官が清廉で民は安心)」などと書かれた提灯が突然掲げられた。どんな徳政があるのかと疑う者がほとんどだったが、その後調べたところ、世の意見としては、一部の郷紳が忖度して提灯をたくさん作らせ、それらを各家に分配したためだという。「官清民安」とはなるほどこういうことだったのか。とりわけひどいのは、地元の善良な紳士や商人が扁額の費用を出し、官僚の徳政を頌揚するのを強要されたことだ。ああ、近世の州県においては官が離任する時には常にその徳政を褒め称えられるものだが、その記すに値する政績の者は果たして幾人いるだろうか。

この場合、徳政顕彰が地域住民への強要という形で行われていた実態が如実に示されており、徳政の称賛が決して地域住民の自発的な意志によるものでないことが明らかにされています。清末の小説『官場《かんじょう》現形記《げんけいき》』には、土匪討伐のため浙江の厳州《げんしゅう》にやってきた胡統領が離任の際に万人傘を強く求めたが、かねがね反感を買っていた地元では誰もそれに金を出そうとしないので身銭を切らねばならなかった話が載っています。

ただ、胡統領の場合は取り巻きの助けもあって何とか離任の体裁を整えましたが、『図画新聞《ずがしんぶん》』という画報に載る雲南省靖江《せいこう》県の知県の場合はもっと惨めでした。彼もまた徳政顕彰を期待していましたが、地元の人間から一切そうした申し出がなかったものですから、みずからが幕友に無理やり頼んでわずかに数人を集めて行進させせました。それはかえって周りの嘲笑を誘ったとのことです。

もっとも知県から催促しなくても地元の人間たちが積極的に徳政顕彰の挙に出ることもなかったわけではありません。しかし知県はこれを単純に喜んではいけません。そこにはいわゆる「褒め殺し」がありました。『点石斎画報』にはこのような話が載っています。

江西の胥吏姜某は権勢におもねり長官の歓心を買って蓄財する猾吏であったが、官僚が羨ましくなり、金で官職を買って知県となった。ところが、いざ官僚になってみると実入りが以前よりも少なかった。そこで当世儲かるのはフーゾクだと思い、銭になりそうな妓女を招いて娼館を営んだ。かくて「出《い》で官となり、処して亀となる。官勢卑しきといえども亀形頗る巨なり」の状況になった。人々はあざ笑ってわざと徳政牌や扁額を贈った。牌にはいろいろ誉め言葉が書かれていたが、面白いのは扁額に「寿山福海」とあることだった。人がそのわけを尋ねると、贈った者はこう言った。「姜某は猾吏から身を起こし官になったのだから福でないわけがない。四霊のうち最も長生きなのは亀である。だから「寿山福海」で祝ってやっているのだ」

『点石斎画報』にはまたそうした地元の人間たちによる徳政顕彰のカラクリを見抜く硬派の知県もいたことを次のように伝えています。

官場の積習として、地方官の引き継ぎの時は往々にしてその地方の紳士たちが離任する地方官に万民傘や徳政牌などを贈り、媚びへつらって慕愛の情を示すことがある。蘇州ではこの風潮がとりわけ盛んである。ついには胥吏たちが郷民からその費用を無理強いすることもある。長洲《ちょうしゅう》県の王知県はこの弊害を熟知していた。交替の時、附近の陽山一帯の郷民が牌扁を高く掲げ、儀仗隊を先頭にしてそれらを官署に送り届けてきた。知県はそれを見てムッとし、これを追い返そうとした。郷民は慌てて大声で騒いだため、さらに知県の怒りに触れた。知県はみずから竹板を握って本堂を降りて追い払ったため、とうとう解散した。知県はその後ただちに告示を出して諭した。その要旨は次のようであった。「本県はこの土地に着任以来、少しの功徳も民に及ぼさず、まさに慚愧に堪えないものであるが、某都某図の郷民某某等は牌扁を送り届けてきた。本県は爾らが有用の銭でこのような無益のことをするのをまことに残念に思う。爾らが分に安んじて農作業に努め、年々税を早く納めて追呼の辱めを受けないようならば、本県は多くの恵みを受けることになる。このため全県の住民に諭し、二度と同じ轍を踏まないよう、云々」。このように風俗が改まり弊害がなくなるのはひとえに賢明な知県の風教のせいだということがわかる。

地方官の留任請願にはその通りに受け取ってはいけない別の目的があったことは、皇帝も当初からわかっていました。雍正帝はこれについて次のような上諭を出しています。

官員が赴任地を離任する時に地元住民が慰留することがある。もしその官員に実績があり、恵沢を民に与えたのであれば、その敬愛は彼らの至誠から出たものであるから上に陳情しなければならない。もし清廉の官員が無実の罪で弾劾され、住民が不満を抱いたというなら入

賢令丰裁
公正
萬民

朝して冤罪を晴らすこともできよう。ただこれまでの習慣では官員の賢否や離任の不当性の有無を問わず一概に慰留に名をかり、銅鑼《どら》を鳴らして衆を集め、ストライキをほしいままに行い、なかには金を出してならず者を横行させることもある。種々の弊害はみな地方で問題が生じていることにある。官員を慰留するのはみな買収や強制によるものだ。これは悪習であり、悪辣な者を厳重に処罰するほか、慰留された官員が住民を買収している場合はまた必ず厳しく処罰せよ。

雍正帝は官員、すなわち地方官の慰留が地域住民の本心からのものではなく、多くはその名をかりた便乗行為であり、その首謀者の一方はそれに乗じて聚衆ストライキを行う悪辣な輩であり、もう一方は買収や強制によって慰留行動を地域住民に求める地方官そのものであったことをすでに見抜いていました。大義名分にかこつけて別の要求を通そうとする民衆の示威行動、世論大衆の名をかりて罷免を免れようとする地方官の工作行動は長い歴史に培われた中国の伝統であったといえます。

清朝ではこうした状況に対し早くから法規制が試みられてきました。まず地方官がみずから徳政碑を建てることについては順治三年（一六四六）に明律を踏襲した次のような法を設けました。

現任官で実績がないにもかかわらず、所轄部内でみずからが碑や祠を建てた者は杖一百に処す。他人に自分の善行を妄りに挙げさせ、上に申請して碑や祠を建てさせた者は杖八十に処す。それを引き受けた者は各一等を減ずる。碑や祠は拆毀する。

また康熙三十二年（一六九三）に以下の法を定めました。

督撫等の官で異動や父母の死で離任する場合、地方の民衆が都に赴いて慰留を訴えることを認めない。訴えに来た者は該当部署に引き渡して処罰する。下属が上官と結託して資材を取り立て民に対して無理に媚を売らせた場合、また本官がその地方に未練を残し、下属に意のあるところを伝え、公事にかこつけて自己の利益をはかった場合、その事実が判明したならば、また該当部署に引き渡して重罪に処する。

しかしながら、このような法の規制と処罰の明文化にもかかわらず〝悪習〟を容易に断ち切ることができませんでした。その理由については雍正帝が次の上諭で明確に語っています。

士民が本地の官員の留任を求めることは久しく先の皇帝の諭旨を奉じて厳禁している。民衆を脅してのストライキ等は当該督撫らが必ず究明する。そのため匪類もなおあえて軽々に犯すものでない。ただ官員の留任を求めることについては、向来その根本の理由を追究してこなかった。そこで下々の者は畏れることを知らず、互いに唱和し、他人の唆しに乗ってしまう。賢愚入り混じって是非善悪を転倒させる。種々の弊害、贈収賄はみなこれより生じる。その結果、地方官員は必ず道に背き、他人に満足を求めるようになる。この悪風は断じてはびこらせてはならない。もし官員が本当に賢能で任に適う者であれば、当該督撫らは自分の意見によって推薦を申請せよ。朕がみずから酌量してそれを許す。「士民が攀轅臥轍する」などの言葉を引用して下々の者が騒ぎを起こす弊端を開く必要はない。

ただし、その弊害が生じる根本をたどれば、やはりそれは民衆のパフォーマンスを無意味とは考えない主体、すなわち離任を控えた地方官の心情にたどり着きます。「わしにはこんなものは珍しくないが、面子のためだ。上司に知られて、わしが地方でこんなに力を尽くしたのに、万人傘すらないなどと言われては、面子が丸つぶれだからな」。これは先の胡統領が省都に帰る際に発した言葉ですが、清代の地方官の気持ちを巧みに代弁しているものといえるでしょう。地方官はなおこのような虚構の中で生き、虚構の権化のような面子に執着したのでした。

五——転勤・昇進・退官

私は前述のように康熙十一年(一六七二)に義父の死により郯城県を去り故郷に戻ることを余儀なくされましたが、喪が明けた康熙十四年(一六七五)、直隷(現在の河北省)の東光《とうこう》県に再び知県として任用されることになりました。

清代の官僚の任用は除、補、転、改、昇、調の六班に分かれていました。除班は最初の任命であり、私の郯城県知県はこれに当たりました。今度の東光県知県への任用は、服喪後に復職するもので二番目の補班に当たりました。補班の場合、とりわけ服喪明けの復職は比較的容易だったようです。

東光県は直隷南部に位置し、山東の郯城県ともさほど遠くないせいか、環境も似た感じの場所でした。ただ、この県では清初から私が赴任するまでの三一年間に進士が八名も誕生しており、いわゆる郷紳がたくさんいる点が郯城県との顕著な違いでした。それでもたちの悪い生員はどこにでもいるもので、ふだんから県署に出入りし、納税請負にかこつけて税銀を横領してはばからない厄介な人物にまたもや遭う羽目になりました。今度もまたその不遜な態度に思わず怒りが込み上げましたが、郯城県での体験を思い出し、心を静め穏やかに説得しました。その功もあって、東光県でも離任の日になると、郷紳や士民が車の轅にすがり、泣いて見送る者が道いっぱいになったのです。

康熙十六年(一六七七)、私は行人に抜擢されました。行人とは皇帝の頒詔や冊封などを伝える中央の官職の一つで、その長官である司正は知県と同じ正七品と、官位は必ずしも高くはなかったのですが、声望は高く、昇進が早いとされるポストでした。職務の一環として詔勅を各地に宣布するため陝西、山西から四川を経て三峡を船で下り、湖南と河南の各省を訪れました。途中、進物ラッシュに遭いましたが、すべて断り、毎日詩ばかり詠んで過ごしたため、お蔭で「清官」の異名を賜りました。

その後、礼科給事中(正五品)に昇進すると、監察官の道に進みました。康熙二十八年(一六八九)八月には東宮の高官であった趙執信《ちょうしつしん》を弾劾しました。皇帝陛下の御母堂の喪がまだ明けていないにもかかわらず、『長生殿《ちょうせいでん》』で有名な戯曲作家洪昇《こうしょう》の家で観劇かつ飲酒をしたのが、その理由でした。この件では多くの官僚から恐れられました。

康熙三十年(一六九一)には会試の同考官(試験委員)を任命され、私心なく勤め上げることができました。その功績が認められたのか、工科給事中の主任に抜擢されましたが、あえて嫌怨を避けようとしない言動を内閣大学士たちはみな評価してくれました。皇帝陛下からは「下問に対する返答はわかりやすく、その職に適している」との身に余るお言葉を頂戴しました。

それから二年後の康熙三十二年(一六九三)、私は六四歳になり、病気がちな身であるのを理由に官を退きました。その後郷里の江西に帰れば、郷紳としての新たな人生が待っていました。汪輝祖はこんなことを述べています。

退官したら郷里の人となるため、故郷に帰り、先祖の墓を守らねばならない。かつて官を辞

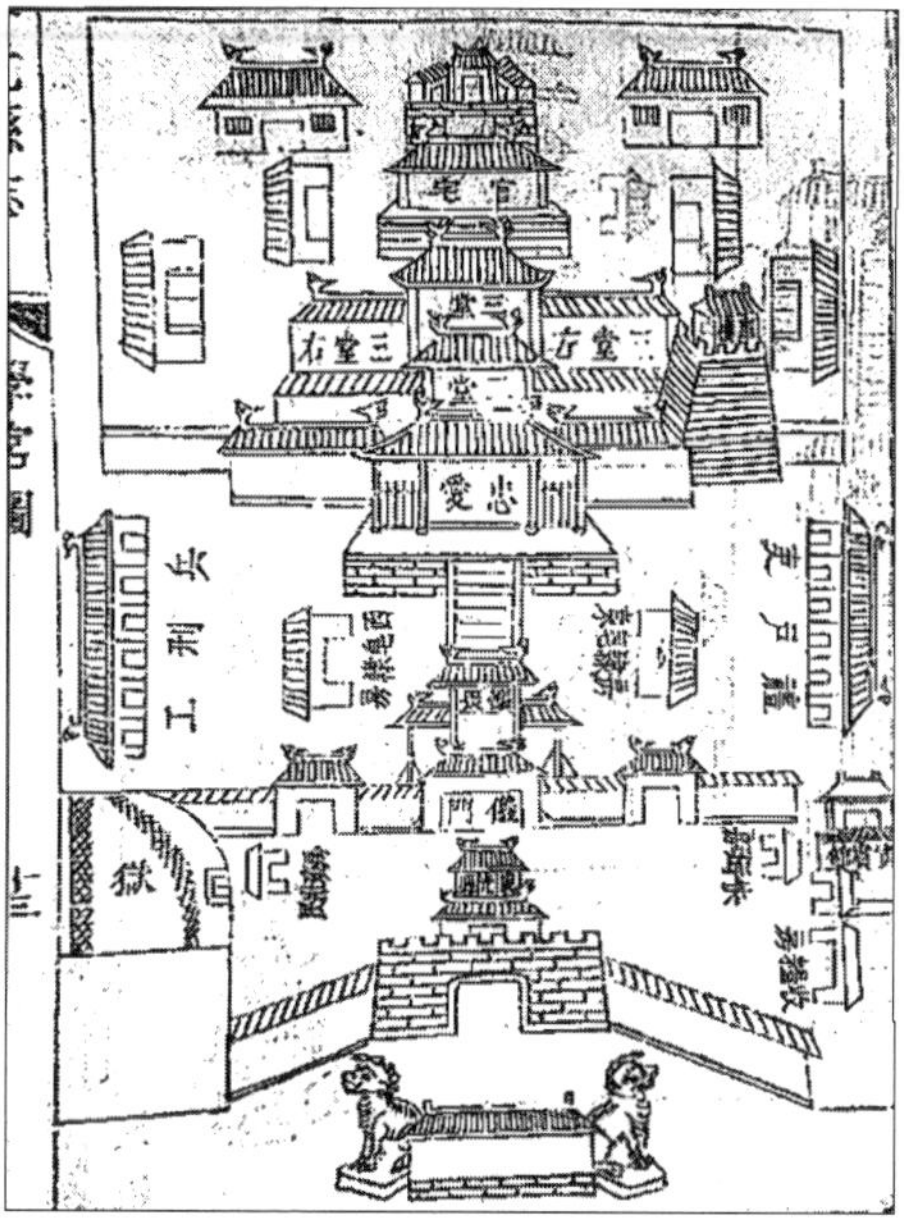

東光県県署図

めた者を見ると、ある者は官を勤めた省に残り、ある者は寄寓した地に籍を置くが、あまりよくわかっていない。墓は自分で管理すべきものである。どうしてそれを他人に任せられようか。いざとなれば誰がそれに関わり、子孫たちを統率するのか。

彼は先祖の墓守に重きを置いており、陶淵明《とうえんめい》の「帰去来辞」を暗誦するよう勧めています。私にも郷里に帰って土地を集積し、郷紳として地主経営を行いつつ、裕福な悠々自適の余生を送る選択の道があったのですが、正直それにあまり魅力を感じなかったのです。そこで南京に行き、その地に寓居することになりました。南京は大都会であり、私が希望する著作活動に向いていた点もその選択動機の一つでした。

『福恵全書』は隠退した翌年の康熙三十三年(一六九四)に書き上げ、康熙三十八年(一六九九)に南京の濂渓《れんけい》書屋から刊行しました。著作はこのほか、『唐詩箋蹄』『綱鑑合纂紀伝分編』『疑字釈義』など、数十種に及びました。

康熙四十四年(一七〇五)六月、陛下が江南各地を巡行された、いわゆる康熙南巡で南京に滞在された折、召見を受け、お目通りが許された上に、欧陽脩《おうようしゅう》の「晩過水北詩」の御書一幅を賜りました。

南京に寓居することはや二〇年余にもなり、晩年は娘婿の呉瞻淇《ごせんき》の世話を受けました。呉瞻淇は安徽省歙《きゅうけん》県の出身で、康熙四十二年(一七〇三)の会試においてきわめて優秀な成績で進士となって翰林院庶吉士を任命された、将来が嘱望される官僚でした。彼は我が郷里新昌県の地方志に載った私の伝記の最後に次のように記しています。

公はかつて私に語ったことがある。「私は諫官《かんかん》（監察官僚）よりも知県のころの方がよかった。東光県の知県よりも郯城県の知県のころの方がよかった。当時、県の旧債を清算し、駅站業務を改善し、悪人を懲治し、紛争を解決した。されば郯城県は我が心の故郷なのだ」と。私

趙執信

洪昇

は心中、公は公卿（高官）として名公卿であり、諫官としても名諫官であったが、知県であった時代に満足感をお持ちであったと思った。むかし『史記』には五人が、『漢書』には六人が循吏伝（立派な官吏の伝記）に載っているが、公の所業はこれらの書で称えられた漢代の黄覇《こうは》や龔遂《きょうすい》に比べて何ら遜色ない。

そして、その後は都会の喧騒を避けて、蘇州郊外にある『康熙字典』の編者で著名な陳廷敬《ちんていけい》の別荘で静かに暮らし、康熙五十六年（一七一七）、その地で生涯を終えました。享年八八歳でした。

さて、私はここまで清代の官僚人生とその教訓について長々語ってきましたが、最後に我が人生を顧みてみなさんにぜひお伝えしておきたいことを述べておきましょう。

私はみずからが著わした官箴書の名を『福恵全書』とした理由に関連して、

福とは福を生み出す心をいう。恵とは恵を施す様をいう。そもそも福を生み出す心があれば、結果として恵を施すことになる。だから上に立つ者は必ずまず福を地方に生み出す心を持つ。さすれば、結果として恵を民に施すことができる。孟子の言う「人に忍びざるの心をもって忍びざるの政を行う」とはすなわちこの意ではないか。

と偉そうなことを述べています。これを受けて、後年『福恵全書』に訓訳を施し、嘉永三年（一八五〇）に和刻本を刊行した日本人の小畑行簡《おばたこうかん》は、その序文で

黄六鴻は福を地方に生み出し、恵を民に施した。彼が撰した『福恵全書』はみな民を治める内容である。そもそも国君は父のようなものであり、民は子のようなものである。民を治める者は国君の心を心とし、その人に「忍びざるの心」でもって「忍びざるの政」を行うのである。銭穀、刑名、義学、課芸、勧農、致養の方法について筋道を立てて詳しく述べ、しっかりとその違いを明らかにしている。風俗はもとより土地によって異なるものだが、民を統治する者に仁恵の心がなければ、どうして「福恵」を実現できようか。黄六鴻はかつて郯城・東光の二県を治め、ことごとくこれを実践した。

と、過分の賛辞を記してくれています。ならばその秘訣とは何だったのでしょうか。

「吾、十有五にして学に志す。三十にして立つ。四十にして惑わず。五十にして天命を知る。六十にして耳順《したが》う。七十にして、心の欲する所に従えども、矩《のり》を踰《こ》えず」とは孔子が晩年に語った言葉として誰でも知っている教えですが、孔子自身実際にそのような人生を送ってきたかどうかは怪しいものです。一五歳で学に志すは、まあそうだとしても、普通だと三〇で自立することは難しく、四〇では迷いっぱなし、五〇で自分の人生を達観できる人は少ないものです。さらに

歳を取れば取るほどむしろ若者の忠告に耳を貸さず、老害をまき散らすのが悲しい現実です。得てして人に道を説く君子というのは、できもしない理想のあり方を他人に求めるものです。

知県が民を治める理想的なあり方、つまり「民の父母」を実践せよという教えも多分にこれに似たところがあります。よしんば官僚をめざす若者が使命をそこに求めたとしても、現場を実際に経験してみると、「民の父母」に徹するにはあまりにも厳しい現実があることを否が応でも知らされます。そんな環境の中で民を慈しめといっても、それは無理というものです。知県が使命を果たせないのに、そのくせ民に対しては一方的に自分を父母のように慕えというのですから、逆に反感を持たれるだけです。

だから私は、理想は理想として大切にして床の間に供えながらも、現実にはその理想を無理に追求することはせず、みずからの能力と当時の官場における特有の人間関係に適したやり方で臨機応変に対応することで、知県という任務をできるだけ安定して続ける方がむしろ賢明と考えたのです。私に対する評価の多くが儒教の求める模範人格よりも現場の行政手腕の方に力点を置いていたことに自分としては満足しています。

「除悪安良」という四字は「視民如子」と並んで県署のいたるところで見受けられる標語です。地域社会において民を苦しめている〝悪〟を除き、良民に安らぎを与えるのが知県たる者の任務だとされ、その遂行が上からも強く求められました。これもまた「民の父母」たる知県に課せられた理想と見てよいでしょう。

しかし、私の経験からいえば、そのためには卓越した力量が必要であり、よほどの知県でないかぎりその任務を果たすことはできません。また、かりにそうした知県であっても時代や地域の特性を無視して一概に「除悪」を敢行すると、必ずそのひずみが生まれ、本来の目的である「安良」が遂げられなくなるのを避けられません。

そこで私は、『福恵全書』に載せた「忍性気」の一節でこの〝悪〟への対処法を説きました。要するに、知県は現実に対して常に冷静な心を保っていなければならないのです。熱くなった知県が理想に任せて一方的に〝悪〟を殲滅しようとしても、〝悪〟はそれに甘んじることなく、むしろ知県を抑えつける新たな手立てを講じることになります。これはみんな真面目に任務を果たし、〝悪〟を憎み過ぎることから生じる弊害です。だから私はこの「除悪安良」という標語も理想のうちに留め置き、安定した統治をするためには〝悪〟に対してもある程度の寛容さを伴ったバランスある応接が望ましいと感じました。地方統治に関するかぎり、孔子の言う「過ぎたるは猶お及ばざるが如し」は正しいと思います。

ついでにいえば、官場の代表的な弊害と見なされた陋規《ろうき》もまた同じです。陋規とは文字通り訳せば「旧来のしきたり」ということになりますが、中国の伝統的な役人世界にあっては何かにつけて不正規な金のやり取りが一般化しており、その慣行を「賄賂」と訳すのには少々違和感があるほどでした。

私はこの陋規に対しても一概に廃止することには反対でした。その理由は「官というもの、禄は限られる一方で必要な出費はきりがない。もしすべての陋規を一律に廃止すれば、その後の出費負担に耐えきれず、費用の捻出のためにかえって不正が横行する」と思ったからです。

そこで陋規には、必ずしも廃止しなくてもよいもの、その間を斟酌して存続・廃止相半ばするもの、断固として廃止すべきものの三つを区別して、民の大きな負担にならない陋規の存続を主張しました。

そんな陋規などあるはずがないという人がいるかもしれませんが、あらゆる陋規を全面的に廃止することで生じる新たな弊害としての〝新規〟が防げない王朝時代の政治構造では、ある程度の陋規の容認は逆説的にはむしろ民に福を生み出すことになったかもしれないのです。当時この点を正面から語るのは珍しいことでしたが、実際に地方行政に関わった者にとっては至極当然の認識でした。〝陋規〟とは言い得て妙な名称だったのです。

私がつつがなく郯城・東光の二県の知県を勤め上げ、その後の官僚人生を順風満帆に過ごせたのは儒教の教えを墨守したからではなく、その教えに一応は依拠しつつも現場の実態感覚に無理なく合わせたことに尽きます。従来の地方統治のあり方を大きく変えず、とくに職場の人間関係においてはマルチ対応を心掛け、あえて敵を作ることなく彼らから最大限の協力を引き出し、締めるところは締めつつ、緩めるところは緩めて、無益なしこりをあとに残さなかったことがその具体的な内容です。私はみなが思うほど模範的な官僚では決してありませんでしたが、むしろそうでなかったことがかえって地方統治に安定をもたらし、結果として地方に福を招いたのだと信じています。

もっとも民の側からすれば、それは老爺《ちけんさま》の主観的な思いに過ぎないと言うかもしれません。老爺といえども結局は伝統中国のお役人であったことに変わりなく、官僚が固執した行動規範やその様式といった従来の枠組みを一歩も越えられなかったではないかというお叱りもあるでしょう。確かにそのとおりであり、それを否定するつもりはありません。

しかし官僚が皇帝に代わって統治する伝統中国の地方政治体制にあっては、一元的な価値観によって行動に多くの制約を受けながらも自意識の高い知識人が独自性を発揮してみずからがめざす政治を実現しようとすれば、これが精一杯といったところではなかったでしょうか。それが伝統中国に身を置いた知識人の悲しい現実なのです。

もし私がみなさんのようにそれぞれの能力に応じた多様な職業が選択でき、特定のイデオロギーに縛られることなく自由に生きられる時代に生まれていたとすれば、どうだったでしょうね。ひょっとすると、それでもやはり官僚の道を選ぶかもしれません。そうだとすれば、相変わらず官僚社会特有の人間関係に悩まされた可能性は十分にあるでしょう。ただ、少なくとも私が清代で過ごした官僚人生よりもいくらかは実質的に多くの福を地方に生み出し、多くの恵を民に施せるのではないかと思います。

参考文献

臨時台湾旧慣調査会編『清国行政法』全七巻（臨時台湾旧慣調査会、一九〇五年、復刻版：汲古書院、一九七二年）
服部宇之吉『清国通考』（三省堂書店、一九〇五年、復刻版：大安、一九六六年）
宮崎市定『科挙』（秋田書店、一九四四年、改訂版『科挙史』平凡社、一九八七年）
Ch'ü T'ung-tsu 瞿同祖, *Local Government in China under the Ch'ing*, Harvard University Press, Cambridege, Massachusets, 1962
宮崎市定『科挙　中国の試験地獄』（中央公論社、一九六三年）
中川忠英（孫伯醇・村松一弥編）『清俗紀聞』（平凡社、一九六六年）
稲田孝訳『儒林外史』中国古典文学大系43（平凡社、一九六八年）
入矢義高・石川賢作訳『官場現形記』中国古典文学大系50・51（平凡社、一九六八年）
増田渉ほか訳『聊斎志異』中国古典文学大系40・41（平凡社、一九七〇年）
小畑行簡訓点『福恵全書』（汲古書院、一九七三年）
Jonathan D. Spence, *The Death of Woman Wang*, The Viking Press, New York, 1978（山本英史訳『ある農婦の死――十七世紀、中国の現実と夢幻世界』平凡社、一九九〇年）
狩野直喜『清朝の制度と文学』（みすず書房、一九八四年）

Djang Chu 章楚 (trans.&ed.) *A Complete Book Concerning Happiness and Benevolence: A Manual for Local Magistrates in Seventeenth-Century China*, The University of Arizona Press, Tucson, Arizona, 1984

雲間顚公『満清官場百怪録』(揚州、江蘇広陵古籍刻印社、一九九二年)

李喬『清代官場図記』(北京、中華書局、二〇〇五年)

林乾『清代衙門図説』(北京、中華書局、二〇〇六年)

翁礼華『県官老爺　解読県史両千年』(杭州、浙江古籍出版社、二〇〇七年)

馮友蘭(吾妻重二訳注)『馮友蘭自伝：中国現代哲学者の回想』(平凡社、二〇〇七年)

柏樺『父母官　明清州県官群像』(北京、新華出版社、二〇一五年)

山本英史『赴任する知県——清代の地方行政官とその人間環境』(研文出版、二〇一六年)

楊学為・喬麗娟主編、李兵執筆『図説清代科挙』(天津、天津人民出版社、二〇一六年)

谷井俊仁・谷井陽子訳解『大清律　刑律』(平凡社、二〇一九年)

邱捷『晩清官場鏡像——杜鳳治日記研究』(北京、社会科学文献出版社、二〇二一年)

図表出典

まえがき

福禄寿塑像（北京某餐庁）筆者撮影

福禄寿年画（筆者作画）

『大学』（和本：宋朱熹章句、後藤芝山定点、一八八二年、グーグルブックから転載。以下、GBと表記）

和刻本『福恵全書』封面（小畑行簡訓訳、詩山堂、一八五〇年、GB）

第一章

郷試合格発表（『点石斎画報』石集、南闈放榜）

新昌県図（康熙『新昌県志』巻一、四境図）

閩学（学館）（『清俗紀聞』巻五、閭学）

学館諸生列位之図（『清俗紀聞』巻五、閭学）

招飲先生之図（『清俗紀聞』巻五、閭学）

『三字経』（和本）（貝原益軒遺稿、戸川後学傍注、渋川興文館、GB）

『千字文』(和本)(宋王伯厚撰、山田主人註解、一八四四年、GB)
新昌県儒学(康熙『新昌県志』巻一、儒学図)
童子開学(『明状元図考』巻一、状元胡広、GB)
県学(『清俗紀聞』巻五、聞学)
校士館(寧波・慈城古県城)筆者撮影
県試風景1(寧波・慈城古県城)筆者撮影
県試風景2(寧波・慈城古県城)筆者撮影
県試一次合格発表(宮崎市定『科挙史』平凡社、一九八七年、八一頁)
夾帯本(持込み用超ミニ本)(北京・科挙扁額博物館)筆者撮影
童試概略図(筆者作成)
生員(筆者作画)
清貧書生(『明状元図考』巻二、状元呂柟、GB)
身体検査(寧波・慈城古県城)筆者撮影
郷試会場(寧波・慈城古県城)筆者撮影
溺殺した子が試験場に現れる(『拯嬰痛言』一巻、溺女現圍)
溺殺した子に付きまとわれる(『拯嬰痛言』一巻、縦溺被貼)
范進中挙(Wu Ching-tzu, *The Scholars*, Peking Foreign Languages Press, 1957)
挙人扁額(筆者作画)
状元の夢(『明状元図考』巻三、状元張忭、GB)
会試合格掲示1(北京・科挙扁額博物館)筆者撮影

会試合格掲示2(北京・科挙扁額博物館)筆者撮影
殿試(『点石斎画報』寅集、恭応考差)
進士扁額(筆者作画)
科挙概略図(筆者作成)

第二章

新官の懲罰(『点石斎画報』丙集、服之不衷)
吏部署(『唐土名勝図絵』巻三)
緑衣女(『聊斎志異図詠』済南、山東画報出版社、二〇〇二年)
妓楼(『点石斎画報』絲集、挈妾尋芳)
大清律封面(『大清律輯註』GB)
六部則例の一つ『戸部則例』(同治『戸部則例』巻一)
地方志・『郯城県志』(康熙『郯城県志』)
書函略式・答覆(『清俗紀聞』巻九、賓客)
紹興師爺(紹興・師爺博物館)筆者撮影
知県に指図する幕友(筆者作画)
長随(筆者作画)
料理人(筆者作画)
地震(前掲『聊齋志異図詠』)
稟帖(赴任通知)サンプル(『福恵全書』巻二、莅任部)

城隍廟（上海城隍廟）筆者撮影
城隍神（上海城隍廟）筆者撮影
郯城県図（康熙『郯城県志』）
郯城県県署図（康熙『郯城県志』）
告示（『清代乾隆巴県档案』乾隆三十七年巴県勧止凶討逼索告示）

第三章

専横知県（『点石斎画報』利集、専欲難成）
縣（『説文解字』巻九上）
総督署（保定・直隷総督署）筆者撮影
清初の地方行政機構概略図（筆者作成）
官印（筆者作画）
知県を取り巻く胥吏（『点石斎画報』信集、嫉悪如仇）
衙役（『点石斎画報』信集、嫉悪如仇）
慈谿県県城図（光緒『慈谿県志』）
大門（寧波・慈城古県城）筆者撮影
儀門（寧波・慈城古県城）筆者撮影
大堂（寧波・慈城古県城）筆者撮影
東六房（寧波・慈城古県城）筆者撮影
西六房（寧波・慈城古県城）筆者撮影

宅門（寧波・慈城古県城）筆者撮影
二堂（寧波・慈城古県城）筆者撮影
紫禁城図（王艶芝編『紫禁城里的老北京』北京、星球地図出版社、二〇一三年）
紫禁城外朝三殿（『図画日報』一号一頁、七九号一頁、八二号一頁）
三綱五常（『御製五倫書』序、GB）
戒石亭（寧波・慈城古県城）筆者撮影
雍正帝（北京・故宮博物院軍機処）筆者撮影
田文鏡（筆者作画）
于成龍（筆者作画）
汪輝祖（『龍荘遺書』）
易知由単（翁礼華『県官老爺』杭州、浙江古籍出版社、二〇〇七年）
三連串票（『福恵全書』巻六、銭穀部）
駅站（『清俗紀聞』巻一〇、羇旅行李）
良馬を相するの図（『福恵全書』巻二八、郵政部）
簽押房（寧波・慈城古県城）筆者撮影
間抜け知県が粤語を誤引用する（『満清官場百怪録』巻下、獃官審案誤引粤音）
バカ知県が見知らぬ床屋を叩く（『満清官場百怪録』巻下、贛県令狂笞薙髪人）
銀錠と銅銭（筆者作画）
若き康熙帝（陳捷先『康熙大帝――中国歴史上最傑出的皇帝』台北、国立故宮博物院、二〇一一年）
清律・官吏受財（『大清律集解附例』巻二三、刑律、受贓、GB）

第四章

差役の横暴（『点石斎画報』匏集、催科滋擾）

上司（寧波・慈城古県城）筆者撮影

附郭の県：江西省廬陵県県城（光緒『吉安府志』）

非常識な知県（『満清官場百怪録』巻上、詢旗籍県令太顢頇）

胥吏に操られる知県（『図画日報』二六五号三頁「牽線木人頭」）

刑房と吏房（寧波・慈城古県城）筆者撮影

徐乾学（蘇州大学図書館編『中国歴代名人図鑑』、上海、上海画報出版社、一九八九年）

罷考（『点石斎画報』土集、大閙考場）

蘇州紳士（『図画日報』二八一号九頁）

民を視ること子の如し（『点石斎画報』亥集、徳政何在）

棍徒（『点石斎画報』任集、武妓可愛）

知県の対応（『図画日報』八号九頁「官場之変態」）

第五章

検屍（『点石斎画報』戊集、開棺相験）

清初の郯城県図（ジョナサン・スペンス（山本英史訳）『ある農婦の死』平凡社、一九九〇年、二六頁より修正の上で再録）

皁隷1（『点石斎画報』信集、酔判）

皁隷2（『点石斎画報』巳集、巡査得力）

裁判(『点石斎画報』忠集、片言折獄)
清律・誣告(『大清律集解附例』巻二二、刑律、訴訟、誣告、GB)
捕役(『点石斎画報』辛集、獲盗以智)
盗賊(『図画新聞』宣統元年十二月十二日「強盗奪鐲人」)
緝捕(『点石斎画報』丙集、劇盗就擒)
斬刑(保定・直隷総督署)筆者撮影
凌遅処死刑(保定・直隷総督署)筆者撮影
地券(乾隆売契・筆者元所蔵、現中国社会科学院歴史研究所図書館蔵)
検屍図(『補註洗冤録集證』巻一、屍図)
穏婆による女屍検証(『点石斎画報』辛集、奸謀敗露)
夾棍(保定・直隷総督署)筆者撮影
枷刑(保定・直隷総督署)筆者撮影
城隍神の冥界裁判(『点石斎画報』子集、冥誅呑賑)

第六章

褒め殺し(『点石斎画報』数集、頌揚得体)
于成龍の単騎説得(『輿論時事報図画』毎日古事画、于太守単騎受降)
張居正(『張文忠公全集』)
轅に攀る(『点石斎画報』丑集、攀轅求救)
第五倫(筆者作画)

寇恂（『三才図絵』巻五、人物）
硬派知県の対応（『点石斎画報』亨集、賢令丰裁）
東光県県署図（光緒『東光県志』）
趙執信（前掲『中国歴代名人図鑑』）
洪昇（切手）

あとがき

筆者が一九七三年に黄六鴻という人物の名を知ってからすでに五〇年になる。当時、小畑行簡の訓点による和刻本が汲古書院から影印本として出版されたばかりであり、大学院のゼミでテキストとして読み始めたのがそのきっかけだった。

筆者はそれまで和刻本といえば、藩校のテキストに代表されるような四書五経や『史記』などの正史だけとばかり思っていたが、このような実用書にもあることがわかり、日本人の外国知識に対する探求欲の深さを改めて感じた。そして、医学・経学を専門にしていた小畑行簡が何ゆえこのような書物にまで訓点を施すことに心血を注いだかに興味を抱いた。

ゼミでは税糧に関係する銭穀部を頭から読むことに終始したが、筆者はそうした制度よりもむしろ人間との付き合い方を細かく伝授した文章に心が惹かれた。そこには清朝の官僚社会特有のあり方とともに、どこの国いつの時代にも通じる人間社会の機微が示されていた。小畑はきっとこうした文章に普遍的な価値を見出したのであろう。

一九九〇年にジョナサン・スペンスの著作『ある農婦の死』を翻訳した際、黄六鴻との付き合いをさらに深くした。『福恵全書』の記事を黄六鴻が赴任した土地の地方志や『聊斎志異』という志怪小説の情報と絡めて用い、十七世紀後半の庶民世界を再現した手法には新鮮な驚きを感じた。それは本書にも大きな影響を与えており、第五章はこれをベースにする部分が多い。

以来、筆者は自身の研究で『福恵全書』の〝福恵〟をしばしば受けてきた。その集大成が二〇一六年一月に上梓した『赴任する知県――清代の地方行政官とその人間環境』である。この書においては清代の知識人が知県となって赴任する際、士大夫として貫かねばならない気高い理想と行政官として向き合わねばならない厳しい現実とのギャップをいかにして埋めるか、当時筆者自身が抱えていた大学人としての生き方と重ね合わせて、黄六鴻に教えを乞うことが念頭にあった。

それから七年近くの歳月が流れた。二〇一六年三月に大学を停年退職したことから、この間はまさしく「郷紳」のような生活であったが、もとより土地経営の才覚や政治的な野心がなかったため、黄六鴻のひそみに倣って著作活動に専念した。本書はその成果の一端であり、『赴任する知県』の一部を膨らませて、一般向けに書き改めたものである。

日本の江戸時代の奉行所やそこで働く役人については時代劇や時代小説の影響もあって一般になじみがあるように思われるが、中国の同時代の状況についてはあまり知られていない。とりわけ知県本人のその時々の想いなどというものは書物には残されにくいものである。だからこそ、本音を語ることを信条とする黄六鴻にナレーターを引き受けてもらい、当時の心情を彼自身の口を通して語ってもらった。読者には日本と中国との官僚社会の相違点をご理解いただき、その上でそこに通底する人間環境としての共通点を再認識していただければ幸いである。

本書の執筆がほぼ完了した後、清末に広東諸県の知県を歴任した杜鳳治《とほうじ》という人物の日記が広東人民出版社から二〇二一年九月に刊行されており、同年三月には邱捷『晩清官場鏡像——杜鳳治日記研究』(北京、社会科学文献出版社)というこの日記に基づいた研究書がすでに世に出ていることを知った。この日記は清末とはいえ地方行政に関して本書で述べた内容と重なる面が多く、清代の地方行政の実態を知る上で貴重な史料であるといえるが、これについてはいずれ改めて検討したいと思う。

なお、本書の月日は史料表記のままの旧暦を用いたため、年もまた元号を主体にし、西暦をカッコ内に併記した。また人々が知県を呼ぶ際の名称はいろいろあり、当時の慣例によって使い分けた。巻末に挙げた参考文献は主なものに留めたが、詳しくは『赴任する知県』の参考文献欄を参照されたい。

最後になったが、本書の刊行に当たって東方書店の家本奈都さんと伊藤瞳さんには大変お世話になった。家本さんは原稿を通読され、選書への採用を許諾してくださった。伊藤さんからは筆者の文章表現力を改めて鍛え直していただく貴重な助言を多く賜った。改めて感謝したい。

二〇二三年師走　山本英史

東方選書

東方選書 62

清代《しんだい》知識人《ちしきじん》が語《かた》る官僚人生《かんりょうじんせい》

二〇二四年四月一五日　初版第一刷発行

著　著……山本英史
発行者……間宮伸典
発行所……株式会社東方書店
東京都千代田区神田神保町一‐三　〒一〇一‐〇〇五一
電話（〇三）三二九四‐一〇〇一
営業電話（〇三）三九三七‐〇三〇〇
基本フォーマット……鈴木一誌
ブックデザイン……吉見友希
組　版……大連拓思科技有限公司
印刷・製本……（株）シナノパブリッシングプレス
定価はカバーに表示してあります

ISBN 978-4-497-22405-7 C0322

小社ホームページ〈中国・本の情報館〉で小社出版物のご案内をしております。

https://www.toho-shoten.co.jp/